WOKE
CULTURE

★

覺醒文化

美國深層內戰

前言

前言

先旨聲明，這不是學術研究書籍，雖然內文會引述一些學術研究資料，整體上這是一部資訊娛樂 (infotainment) 作品。覺醒 (woke) 文化牽涉到政治、性別、種族、流行文化甚至學術科研等等的衝突，每一個範疇都足以獨立成書作深入探討，加上涉及的資料往往很新鮮而不完整，即使盡最大的力氣，也只能作走馬看花式介紹。

覺醒文化有大量爭議仍然不停變化，例如 2018 年支持安芭·赫德 (Amber Heard) #metoo 對抗性暴力的人應該很清楚了，法庭上顯示她遭受家暴之說站不住腳，令人推測她只是借女權運動叨光投機。這類 180 度劇變的發展在覺醒文化爭議中並不罕見，而且左中右各方都會出現。例如筆者曾經很支持的反戀童女網紅原來曾經有多個假身份，自稱被人販拐帶的經歷完全捏造，甚至有人發現她以前曾發表過支持戀童的言論，連馬斯克在推特上也被她騙過好一陣子。話雖如此，這位網紅大力推動下，馬斯克完成收購後優先收緊推特平台的兒童色情禁制，好些以前檢舉無效的戀童內容都被清除。討論這些議題的難度正是難以單純說這是一個瘋掉的壞人，或者這是個好人。

覺醒文化令左右翼激起了文化戰爭 (culture war)，跟其他戰爭一樣，每一方都自稱正義擁有所有答案，但戰壕中是另一個世界：有真正在受苦的善人，亦有心理有問題的病態人物。有人真心為了實踐正義，有人為了一時威風口爽，亦有人透過左右衝突賺取名或利。每一方都會見到對面最荒謬邪惡的言行主張，同時為己方的錯謬輕輕開脫，最乖張暴戾的少數又經常代表了整個陣營為禍人間。例如多

數跨性別人士很溫和講道理正在變性路上掙扎，但是跨性別社運份子也很樂於公開反對者的地址及其家人行蹤作息，或者直接恐嚇要把人打死打傷。

美國覺醒文化之爭幾乎覆蓋美國人生活每一個環節，礙於筆者能力以及篇幅所限，一些題材如擁槍權／槍擊衝突、墮胎、氣候變化、移民政策、投票爭議以及近年的防疫政策等不會在此書討論之列。

ce   cir   cir
co   co   cos
cy   cyr   cyr
ey   em   eir
he   him   his
hey   hem   heir
ne   nem   nir
qui   quem quis
she   her   her
sie   hir   hir
tey   tem   teir
they them their
xe   xem   xyr

第一章 奪權：
顛覆共識倫常

yos
zir
ve   vis   ver

cirs cirself
cos coself
cyrs cyrself
eirs emself
his himself
heirs hemself
nirs nemself
quis quemself
hers herself
hirs hirself
teirs temself
theirs themself
xyrs xemself
hirs hirself
yos yoself
zirs zirself
ver verself

一. 覺醒新生活

「你今天有吃早晨、午餐以及晚飯嗎？如有，你就是反科學的種族主義者。」這是美國一個老字號調查報導雜誌《Mother Jones》的其中一個專題。

一向支持進步價值的你，拿着手中的早餐麵包不知道應否再吃下去時，睡房傳出嬰兒哭聲，是時候換尿布抹屁股了。突然房門站着一個雌雄莫辨，染有一頭螢光彩虹頭髮的新世代性別專家，瞪着眼問：「你有無先徵求嬰兒的同意？若果父母得不到嬰兒方的授權 (consent) 就是一種父權社會性侵犯。」

「等一下。」你說：「未足歲娃兒哃嚎大哭，我身為父親怎樣判辨那是求助還是反抗？」

彩虹頭專家又瞪了你一眼，反問：「甚麼是父親？解釋。」

「父親……就是授精令母親她……一個女人，成孕生下孩兒的男人？」你不敢相信自己竟然要解釋這麼基本的事情。

彩虹頭專家直搖頭：「錯錯錯。那是性別標籤的字眼，會令人不安，我們只會說『懷孕家長』以及『非懷孕家長』。」專家指向一個時裝品牌的父親節廣告，的確照片中那位貌似男子的人正腹大便便懷着小孩。

「再說，『她』是個很有問題 (problematic) 的字眼，你問過家中的『懷孕家長』採用甚麼性別稱謂 (gender pronoun) 嗎？我們不應使用錯誤的性別稱謂，錯稱對方性別是很嚴重的事情。」

對，你記起海軍不久前才公開發佈一段短片，教育士兵如何使用正確性別稱謂，以營造一個多元又包容的「安全空間」，這比起戰術掩體或援護火力來得重要。

「根據科學研究指出，0-4 歲的幼童正在探索性別身份，如果他在撫摸自己的下體，身為家長應該鼓勵幼童繼續尋求自我歡愉……」專家搖頭晃腦的繼續說道。

你吃驚地搖頭，怎麼現在的小孩這麼早就懂自慰了？一陣嬰兒哭聲把你從沉思中拉扯回來，你說：「我要先替孩子換尿片……對了，你怎麼會跑進我家中？」

彩虹頭專家臉不紅氣不喘的答：「你這質問是父權白人至上主義，令我感到很不安全。」

「可是這沒道理……我是亞洲人啊！」你是 80 年代隨父母移民過來的亞裔美國人。

「否認就是脆弱白人至上主義的表現，書中早已將你們這種反應寫得清清楚楚，快拿去讀然後檢討你的白人特權。」彩虹頭專家放下一本叫《白種脆弱》的書，絕塵而去。

你也管不了這麼多，先照顧小孩再說。

手忙腳亂了好一陣，半晌你終於回過神，家中的手機、電腦以及一些貴重物不見了，大概是那位專家拿掉的。可是比起弱勢社群所承受的欺壓實在算不上甚麼，這些損失連歸還利息也談不上。

門鈴響起，當夜更的太太終於下班回來，只見她神色有異，身後站着一個南美裔胖漢，望着你友善地微笑揮手，然而友善之餘帶點詭異。

「老婆，這是誰？」

「他是公司的新移民主管，這個星期是多元包容體驗週，我要修讀『破除物件導向編程當中的白種父權主義，讓性別流動展現於 Javascript 程式碼上』。」

「那……不阻你忙，可是你的主管在這兒幹嘛？」

太太有點歉意地望着你笑：「這是多元包容週，公司的多元訓練團隊建議，我們家中的原生異性戀男成員感受一下肛交，擴闊對多元性文化想像。所以……你好好享受一下囉！」

以上的情境故事雖然經過加諳處理，其實大部份都參考自現實中的媒體文章：

Commitment to Eating Three Meals a Day Is 'Racist'
https://www.nationalreview.com/2015/03/commitment-eating-three-meals-day-racist-katherine-timpf/

Feminist Cathy Areu on getting a baby's consent to change their diaper. - Tucker Carlson 5/18/18
https://www.youtube.com/watch?v=F3uUwYKTCzw

No more 'mothers' and 'fathers'? Ontario looks at gender neutral changes to government forms
https://nationalpost.com/news/politics/no-more-mothers-and-fathers-ontario-looks-at-gender-neutral-changes-to-government-forms

Navy Training Video Tells Sailors How to Use 'Correct' Pronouns and Create 'Safe Spaces'
https://www.dailysignal.com/2022/06/22/navy-training-video-tells-sailors-how-to-use-correct-pronouns-and-create-safe-spaces/

Introducing Woke: Detect Insensitive Language in Your Source Code
https://betterprogramming.pub/woke-437880c3de64

straight guys, it is time to give pegging a try
https://www.vice.com/en/article/wxq835/how-to-get-into-pegging

覺醒浪潮，是進步還是文革？

美國在 1865 年 6 月 19 日正式廢除所有黑人的奴隸身份，後世以「六月節」紀念這一日，黑人再等了近一百年才在 1960 年代見到矯正歧視平權運動初現曙光。時至今日，抖音上有白人排隊搶先親吻黑人的鞋，有教會崇拜時要求信徒爲黑人洗腳。媒體社論指數學、物理和莎士比亞都是種族歧視的東西必須修改甚至廢除……中間到底發生了甚麼事？簡短版的答案是：平權運動「覺醒」了。

性小衆人士曾經是社會禁忌，他們苦苦掙扎爲自己爭取「存在權」、「工作權」、「從政權」直至不久前同性合法婚姻的權利。今天美國幼兒班重金禮聘變裝皇后一身褻衣對着小童張腿舞臀，中學課程指定讀物有清晰描寫男同志性愛的場面，性教育書籍開宗明義指責學生讀者，如果不去理解男同志如何口交肛交，就是對同志社群一種傷害。

自稱變性人的女裝男子在抖音教小朋友如何跟父母斷絕關係找他談性問題。迪士尼近年幾乎每一套電影或劇作中都安插男女同性戀者，他們的能力、識見和道德觀都自動較異性戀白人角色優勝。到底發生甚麼事？校園和荷里活「覺醒」了。

曾經記者的信條是「無畏不偏，力求事實」，可是今天記者不單難以報導有色人種或性小衆的負面消息，他們還要刻意報導平行時空的新聞。例如將企圖襲警搶槍的黑人凶徒寫成死於警暴下的「溫柔大漢」，捏造特朗普不曾講過的說話販賣公憤。近年社會爭議記者會站在大企業和財團一方譴責市民尋釁滋事，而不是傳統上的爲民請命……到底報館發生甚麼事？當然也是因爲他們「覺醒」了。

「覺醒」(woke) 來自北美黑人社運圈用語,旨在提醒大家要時刻儆醒,提防社會的不公義和歧視。關於這個用語的真正出處有不少說法,例如遠可以追溯至二戰前 1930 年代,但是正式在近代流行大約始於 2014 年密蘇里佛格遜市示威,黑命貴 (Black Lives Matter, BLM) 社運份子抗議警察對黑人濫暴的標語,此後左翼及各進步媒體開始使用這個字眼代表進步思潮。

隨着左翼跟保守右翼的衝突日趨頻密,右派支持者開始將 woke 作嘲諷用途,這個詞語的含意漸漸變得負面,不少進步左翼圈支持者受到影響,對這個字同樣作負面理解。例如:「這套電影是 woke 嗎(帶有某些負面左翼主張)?我並不同意。」

時至今日,左翼圈子為免受到不必要的嘲諷,開始減少以 woke 去形容自己。這個字已變成反對左翼的標籤用語。

圖 2.1 2017 年 常青州立學院示威學生將校長團困於教員室內，大小二便須徵求學生允許

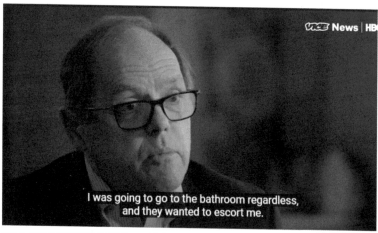

圖 2.1a 校長受訪時仍堅稱沒有受禁錮，只是學生一廂情願

二.覺醒武鬥校園

左翼進步社運在歷史上有過不少美名，例如首名犯禁參加馬拉松比賽的女跑手、每人手執鮮花，站在國民警衛軍槍口前的鮮花力量行動、堅定反對越戰，不惜賠上前途甚至性命安危的芝加哥七人案 (Chicago Seven)、堅拒種族隔離車座政策的羅莎·帕克斯 (Rosa Parks) 等等⋯⋯

這些社運行動多少都為美國社會甚至整個世界帶來進步。然後鏡頭一轉，2018 年波特蘭州立大學講堂內一名演化生物學家指出，男人和女人生理上有明確分別，例如肌肉量、身高⋯⋯突然一群學生憤然起立抗議，並砸壞演者的揚聲器材以圖中止演講。這幾名學生馬上被保安趕離會場，臨走前仍高聲抗議「生物學是反女性運動的洗腦工具」、「講者在宣揚法西斯主義」、「文明社會不能姑息納粹主義」、「警察去死！人民萬歲！」

到底甚麼時候生物學成為左翼社運聲討的對象？為何男女生理上有分別這種常識也被打成「納粹法西斯」？有些支持左翼的讀者馬上會反駁：這是以偏概全，任何光譜總有些很荒謬的人。後半段我同意，但這類衝突並非孤例，過去數年間美國學府的「覺醒主義」鬥爭不斷，校園被逼賠上數十到數百萬元去加強保安，學者或講者輕則被憤怒的示威學生驅逐出演講廳，重則釀成武力衝突。甚至有學府因為社運學生衝突太過激烈，被逼將畢業典禮遷至校園外舉行。

「不可能，左翼社運主張非暴力抗爭。左翼一向主張和平大愛非暴力，如果我們使用暴力，跟那些右翼法西斯有甚麼分別？」有讀者

可能繼續反駁，然而一份 2017 年調查指出[註1]，每五位覺醒光譜的學生當中，就有一位表示面對「帶冒犯性」的講者，武力招呼是可以接受的，必須將這些講者徹底逐出校園，毫不手軟。

覺醒學生到底讀了甚麼武林秘笈變得如此好勇鬥狠？

保守派時評人賓·沙庇路 (Ben Shapiro) 在國會聽證會就校園暴力示威的一段演講，扼要說明美國專上教育校園出了甚麼問題，節錄如下：

> 覺醒社運者在校園作出大量違反憲法言論自由的行動，他們的核心思想可以分成三個部份。（一）身份先於理據：一個人的言論是否有理，可以單純從該人的種族、性別、性取向甚或文化身份去判斷。（二）言語施暴：任何不同意覺醒者行動的人，都在施行言語暴力。（三）以武制暴：肢體暴力用來阻止言語暴力有時是恰當的。
>
> 關於（一）對覺醒支持者來說，一個人的言論有無理據，完全取決於他的身份。根據覺醒邏輯，白種異性戀原生性別男人先天享有白人特權 (white privileges)，他們是壓逼者也是歷史上強勢的一方，發言權利最低。白種女性受過逼害，所以她們發言的理據就較強。黑人女性再強一點，黑人女同性戀者的位階更高，有身心殘障的黑人跨性別女同性戀者佔的位階就相當高了。換言之，「受害人層級」愈高，發言自動更有道理。

（按：生物學白人女教授的論述無論經過幾多學院同行評審，在一個黑人跨性別傷健女同志面前，她是完全沒有說話的資格。）

> 這引伸到（二）言語暴力，如果某甲在「受害人層級」較低，說了一些高層級人士不喜歡的說話，某甲就是對其他人干犯了言語暴力，或稱作微暴力 (microaggression)。微暴

力就是一些表面無害的言行舉止，但是被對方視爲具侵略性的行爲。

要構成微暴力不須辱罵他人，聽者有意就有罪。例如你說社會應該不分膚色公平行事，有色人種可以視之爲微暴力。

一名覺醒派心理學者在《紐約時報》撰文指 (註 2)，微暴力或言語暴力也是一種實質暴力，因爲微暴力會令對方產生壓力，壓力會爲身心帶來實質損害。

(按：該篇紐時評論指在學術環境中，短時間接觸自己感到不舒服的見解是有裨益的，文章作者曾經代入納粹優生學者視角展開學術討論，並解釋長時間曝露在微暴力下才會構成身心損害。可是文末她推翻了自己的論點，指某些右翼評論人有害，完全不應進入校園演講。)

承接 (二) 微暴力也是暴力的觀點，沙庇路憶述自己一次應邀到大學演講時，該校一名大學教授恐嚇要毆打支持沙庇路的學生，甚至在自己辦公室門外張貼告示「對微暴力最好的回應是宏暴力 (Macroaggression) 」。

社會心理學家喬納森·海特教授 (Jonathan Haidt) 指出「視言論爲暴力是很危險的想法，因爲它會令新生代覺得社會危機處處，因而陷入更大精神壓力，他們已經夠多焦慮了。」

由於微暴力被視爲可以殺傷他人的行爲，因此覺醒派較激進的分支認爲使用物理暴力對付他們不喜歡的講者是恰當的，這些講者通常是保守派光譜，但間有例外。每有受爭議的講者進入校園，這些示威者透過激烈衝擊行動，令演講無法開始或被逼中斷。校方既無力阻止，又害怕公關風險，往往選擇讓步取消活動。

近十年間美國專上學府的校園暴力往往涉及左右光譜政治爭議，不少評論已視之爲文化戰爭其中一個重點戰場。以下只是較大規

模的示威衝突個案，惹火人物如賓·沙庇路或者保守派時評員米羅·雅諾波魯斯 (Milo Yiannopoulos) 幾乎必然招惹學生及社運人士抗議，他們亦多次被示威學生逐出校園或取消發言，這些例子太多略去不贅。

校園內亦常有社運學生滋擾敵對光譜的學生，這類情況不限於激進左翼，右翼亦有類似行動。可是這些衝突影片往往短暫出現在推特或抖音上，旋即被檢舉刪除，很難作客觀紀錄。此外，細心的讀者也許會發現沒有 2019 至 2021 年的衝突紀錄，那是因為出現疫情大家沒有回校上課的緣故。

2022 年 9 月 新墨西哥大學

超過 100 名學生集結於學生會大樓抗議保守派評論員托米·勞倫 (Tomi Lahren) 女士演講，憤怒學生衝入演講廳，敲打牆壁，有人觸動火警鐘。勞倫由保安護送離開，一度被困於安全屋內達 45 分鐘。勞倫以反對近年美國移民政策見稱，示威者以有色人士為主。校方譴責衝擊行為，反駁言論自由並不包括令對方噤聲。[註4]

2022 年 10 月 加州大學戴維斯分校

黑人時評人、特朗普死忠兼社運份子史蒂芬·戴維斯 (Stephen Davis) 受保守派學生組織邀請到校園演講，釀成百人校園毆鬥。據報當晚百多名學生集結抗議演講活動，疑似驕傲男孩 (Proud Boys) 激進組織成員現身校園後雙方爆發武力衝突，過程涉及毆打及使用防身噴霧。校方中止活動，譴責暴力行為，指仇恨言論受到憲法保障，示威者的反對聲音亦同屬言論自由保障範圍。當晚有警員及民間保安在場駐守，指衝突雙方自行解散毋須介入。[註5]

2022 年 3 月 耶魯大學

法律系舉辦一跨黨派論壇，邀請了無神論的進步派代表以及基督教保守派講者，嘗試探討能否在言論自由上尋找法理基礎求同存異。

百多名法律系學生現身示威，高叫「保護跨性別兒童」、「可恥」等口號，企圖以聲浪蓋過講者發言，一名示威學生更揚言會毆打其中一名保守派代表。最後警方到場護送講者離開。400 多名（超過六成學生總數）法律系學生聯署譴責警方進入校園打壓「和平示威者」，或會對學生構成精神及物理創傷。(註6)

2017 年 3 月 美國佛蒙特州明德大學

右翼政治學者查爾斯·默裏博士 (Charles Murray) 受邀到明德大學演講，他過往發表種族跟智商或有關連，並且質疑福利政策對社會效用等主張備受爭議。示威學生衝入現場以聲浪蓋過講者，令活動無法繼續，校方最後安排將默裏博士送到另一個地點作視像交流，可是學生截下他的坐駕阻止他離開，爬上汽車踐踏及敲打車廂，最後默裏在工作人員支援下成功離去，一名教授護送時被學生拉扯頸部受傷，事後無人被起訴。校方譴責學生行為，社評輿論卻指言論自由並不適用於默裏博士這類人身上。(註7)

2018 年 2 月科羅拉多州立大學

特朗普忠實支持者，社運人士兼名嘴查理·柯克 (Charlie Kirk) 受邀到科羅拉多州立大學演講，主題為「擊潰社會主義」。多名學生以及反法西斯主義運動 (Antifa) 組織成員在場抗議示威。數名極右組織「傳統工人黨」(Traditionalist Worker Party) 成員到場挑釁示威者，

旋即演變成武力衝突，雙方以棍棒、電筒等武器毆鬥，挑釁者不敵被擊退離場。

柯克表示自己跟極右組織沒有關係，甚至演講主題跟該組織理念完全相沖。無人被捕。[註8]

2022年4月 紐約州立大學水牛城分校

右翼學生組織邀請黑人共和黨員艾倫·韋斯特中校 (Allen West) 到場演講，主題為「美國並不是種族歧視：為何美國價值獨一無二」，左翼學生對此反應極大，在校園四處高叫口號抗議。主辦方刻意安排一半時間作問答環節，供反對者提問交流。惟左翼學生衝進現場後高呼「絕不留手」(no peace)，活動被逼中止。有主辦方成員被打，主席被逼逃至女廁鎖門暫避，仍被示威學生企圖破門，直至警員接報到場為止。在此以前左翼學生曾多次在網上作出恐嚇以及人肉搜尋右翼學生所在。

2017年6月 華盛頓常青州立學院

每年校內有一促進種族共融活動「缺席日」，所有黑人學生離開校園一天，讓白人學生感體驗一下沒有其他族群同學的感受。2017年學生要求改為換成所有白人學生離開，演化生物學教授布雷特·溫斯坦 (Bret Weinstein) 反對，指學生的要求將活動變質成展現霸權。學生衝進溫斯坦的課堂粗言辱罵，要求他立即辭職。溫斯坦拒絕學生要求，學生示威轉趨激烈，校方指保安無法保障他的人身安全，建議暫時不要回校。

溫斯坦受壓下改到公園授課，並將家人安頓於安全屋暫避。學生對峙影片在主流媒體曝光後，溫斯坦應邀到保守派媒體受訪，評擊學生行動以及校方無能。學生受刺激後包圍校長辦公室，粗言辱罵要求解除校園保安武裝、全部教職員強制接受種族多元及敏感度訓練，以及立即解僱溫斯坦教授。校長顯得相當困窘，被包圍下連如廁也得徵求學生放行同意，學生甚至禁止他說話時作任何手勢或動作。校長最後接受學生要求，但拒絕解僱溫斯坦。事後溫斯坦向學校提告，成功索償離職告終。^{(註 10a)(註 10b)}

參考資料：

1 in 5 student said it is ok to use violence, 2017
https://qz.com/1082794/one-in-five-us-college-students-says-itsacceptable-to-use-violence-against-an-offensive-speaker

（註 2）
Feldman's article
https://www.nytimes.com/2017/07/14/opinion/sunday/when-isspeech-violence.html

（註 3）
2017 ben shapiro testify in congress on campus violence
https://www.youtube.com/watch?v=lLhxpje7gSg

（註 4）
against conservative, 2022, bang walls, pulled fire alarm
https://www.insidehighered.com/news/2022/09/20/student-protesters-disrupt-controversial-speaker-unm

（註 5）
2022 Oct, UC Davis protest, against conservative, violence, Proud Boys involved, no police
https://www.kcra.com/article/video-brawl-uc-davis-stephen-davisspeaker-event/41782486

（註 6）
2022 Mar, Yale Law students shut down panel
https://nypost.com/2022/03/17/yale-law-students-disrupt-bipartisan-free-speech-panel/

（註 7）
2017 professor and speaker attacked
https://www.washingtonpost.com/news/volokh-conspiracy/wp/2017/03/04/protesters-at-middlebury-college-shout-downspeaker-attack-him-and-a-professor/

（註 8）
2018 Protests turn violent at CSU after Charlie Kirk speech
https://www.coloradoan.com/story/news/2018/02/02/violenceerupts-csu-protest-conservative-speaker-led/301496002/

2022 Apr, organizer fear for her life, talk "America is not racist" https://abcnews4.com/news/nation-world/university-of-buffalostudent-disgusted-by- 註 s-response-to-protest-america-is-not-racistwhy-american-values-are-exceptional-lt-col-allen-west

（註 10a）
https://www.nytimes.com/2017/06/16/us/evergreen-state-protests.html

（註 10b）
2017 evergreen protest, claiming racist, vice news
https://www.youtube.com/watch?v=2cMYfxOFBBM

圖 3.1 - 3.3 主持人街訪不同國籍人士對文化挪用的意見

三. 覺醒玻璃心世代

校園所以變成戰場一樣的環境，固然涉及左右翼意識形態的角力，可是有相當大的部份，卻是來自受進步思維薰陶的新生世代開始變得玻璃心，不單止對「言語暴力」有着先發制人式的敵意，同時也加諸了很多來自進步思潮的自限式禁忌。

「文化挪用」(cultural appropriation) 是校園中一個較廣泛而敏感的禁忌。較著名的爭端源自 2016 年三藩市州立大學傳出一條短片，影片中一名黑人女學生截停一位白人男同學，指他的雷鬼頭髮形 (dreadlock) 挪用了黑人文化，他身為白人這樣做是冒犯。

女生雖然臉帶微笑，可是態度甚為嚴厲堅拒讓男同學離開，甚至問旁人「有沒有剪刀」，言下之意要將他的頭髮剪掉。當時校園衝突之風尚未算熾烈，男子抗議後成功掙脫離去，女子發現自己被人拍攝後亦馬上離場。[註1]

雷鬼頭髮形是否挪用了黑人的文化呢？歷史上埃及人、南美阿茲突克文化甚至古希臘都有相類近的髮形流行過，女學生之說完全站不住腳，輿論亦一面倒反對她的所為。

文化挪用的爭議亦有在荷里活出現，例如演員姬·嘉鐸宣佈飾演埃及妖后，媒體指責她身為白人演員，此舉是「洗白」埃及妖后這個歷史人物，應該由黑人演員出演。可是這些批評忽略了嘉鐸本身是以色列人，而埃及妖后是馬其頓希臘人的史實。[註2]

將歷史人物「洗黑」又有沒有問題呢？2023 年 5 月網飛推出新一輯歷史紀錄劇集《埃及妖后》，由韋・史密夫的太太珍達・娉琦・史密夫擔任監製，女主角埃及妖后由黑人出演。歷史學者以及觀眾紛紛指出這是盲隨政治正確的失實行為，網媒反駁大家過敏妖后的膚色，導演說「重新構想」另一個版本的埃及妖后沒有錯，終於惹來埃及國家當局公開譴責，並正式向網飛提告。偏袒覺醒立場的媒體只能訕訕然解釋說埃及妖后雖然有希臘人血統，可是經歷了這許多代傳承甚麼膚色也實在說不清(註3)，女主角演員仍然堅持立場，認為埃及人的反應是源自種族歧視。(註4)目前爛蕃茄網評綜合評分是：專業影評 14% / 大眾評分低見 1%。

圖 3.4 網飛的《埃及妖后》風評一致欠佳

左傾導演占士金馬倫，亦曾經公開抱怨過這種過度政治正確紅線：如果創作者只能製作跟他身份一樣的電影，那他幾乎所有題材都不能拍，只可以講加拿大白種中老年人的故事。

遊戲界也曾經出現「文化挪用」指控，以元朝入侵日本為背境的遊戲《對馬戰鬼》推出時，覺醒派網媒如《Kotaku》或《Paste

Magazine》批評以白人視覺去製作日本遊戲是文化挪用（註5），更有評論將《對》(西方公司製作日本遊戲)與《最後生還者 2》(北美公司製作北美遊戲)作對比，斥責《對》除了偷取日本人文化，更在宣揚種族主義甚至帝國主義。

日本人對北美覺醒派評論可沒太過在意，知名遊戲製作人名越稔洋玩過《對》之後讚不絕口，大讚「(西方製作人)比我們更加懂日本人」，遊戲雜誌《Fami 通》破格給予最高的滿分評價，長崎觀光局甚至邀請《對馬戰鬼》製作單位合作，推出相關地理的旅遊介紹（註6）。覺醒評論人只有丟下「日本人不是反駁(我們批評)的萬靈丹」這類論調草草退場。

2019 年右翼頻道 Prager U 派出一黑一白兩位年輕主持到加州州立大學北嶺分校作街頭實驗，白人同學穿上傳統印第安人民族服飾，他的黑人拍檔則穿上白人傳道人高帽子，派發萬聖節南瓜餡批。他們這身打扮沒多久立即被一群女學生圍罵，指斥是文化挪用以及種族歧視。

學生們的抗議愈演愈烈，最後不單止扯爛白男主持的戲服，更揚言要把他們逐出校園(有趣地她們不太敢責罵同樣在「文化挪用」的黑人拍檔)。（註7）

第二場實驗，白人一身傳統墨西哥人民族服飾前往洛杉磯加利福尼亞大學作街訪，同樣地，學生們紛紛表示他的打扮「相當冒犯」、「挪用了墨西哥人的文化」、「不懂得墨西哥人的文化就不應隨便挪用」，甚至鏡頭外有人惡言相向，作勢欲動武。（註8）

第三場主持換成一身傳統華人服飾，得到的學生回應也相近，大家對他表示反感，認為他正干犯一件不得了的彌天大罪。[註9]

可是，這場實驗是否真的如學生預想般，嚴重傷害了印第安人、墨西哥人以及華人的感情呢？主持打扮不改，走到墨西哥人聚居的地區再作街訪：「我這身打扮有令你感到被冒犯嗎？」

結果墨西哥人一面倒地回應：才不會啊！你穿得很有趣，我們看着也高興。

白人主持還不放心，再追問道：「你們真的沒有覺得我搞混了墨西哥文化嗎？沒有被醜化嗎？」

得到的回答是：才沒有醜化了甚麼高深的文化啦！我們戴大帽子因為陽光猛，穿披風因為大風，就這樣子。

主持一身華服走到唐人街，得到的反應亦相近。大家見他穿得有點傻氣，才不會有被冒犯的念頭，反正你高興就好。

納瓦霍族的原住民也表示全無冒犯的感覺，其中一名代表補充有些服飾和頭飾具特定神聖權威象徵意義，不得褻瀆，然而一般萬聖節派對貨色則全無問題，甚至有原住民表示有人穿着印第安服飾，令他們的文化多點曝光，是好事。[註10]

換言之，學生們咬牙切齒的「文化挪用」大罪，在文化原本的「擁有者」面前，根本完全不是問題。

可是絕大部份受訪的學生，他們表現出來的擔憂和義憤完全由心而發，不似劇本演出或照稿宣科。在他們的認知當中，白人主持不單止在冒犯某個文化族群，某種意義上他正等同對這些弱勢人士作出人身傷害，爲了阻止人受害，先發制人是必須而且合理。

這種思路跟賓·沙庇路在國會聽證會所描述的激進社運學生反應同出一轍，到底這類想法如何形成？

喬納森·海特教授專注研究道德心理學，素有關注專上學府中的覺醒派爭議發展，在 2014 年他發表一篇文章，指出校園內的政治正確理念爭議已日趨極端，去到嚴重威脅學術自由的地步。此文一出，引來學術圈大量回應，指問題已持續一段時間。

海特教授跟同僚深入調查後，將研究結果集結成書《爲甚麼我們製造出玻璃心世代？：本世紀最大規模心理危機，看美國高等教育的「安全文化」如何讓下一代變得脆弱、反智、反民主》(The Coddling of the American Mind)

海特教授總括出近代美國教育三大有毒思維，分別是：

1. 任何打擊都會傷害到你，令你受到損害
2. 你的感覺比一切的更重要
3. 世界就是善良跟邪惡的對決

第一點幾乎總括了覺醒世代的精神體質：任何會干犯到我的東西都會構成傷害，必須予於排除。海特教授引述他兒子入讀幼稚園時，老師爲遷就少數對花生過敏的學生，要求全體學生禁止進食或攜帶含有花生或堅果類的產品。

海特教授受此次經歷激起好奇心，發現美國小童對堅果過敏原來是近十多年才突然冒出的問題，理由正正是醫護人員有見小童可能對堅果有敏感體質，於是建議父母完全禁絕堅果類食品，令小童免疫系統無法得到有效訓練，導致小童成長後真的對堅果類產生嚴重過敏。

海特對於這類需要面對逆境挑戰的情況稱之為「抗脆弱」(antifragile)，而美國對於小童花生過敏的過度保護，令小童這方面的抗脆弱系統無法順利成長，這種過度保護思維一直延伸到小童生活各方面，當中自然包括小童面對具冒犯性想法的反應，所有可能具冒犯性的東西早已被父母師長們撲滅於萌芽狀態，小童不單止在這個無菌大溫室中長大，他們也模仿了父母對於「風險」、「冒犯」的絕對迴避心態，所以長大後他們一旦面對不符自己世界觀的事物時，會很激烈地將之排除消滅。

也就是因應這種心態，衍生出「微暴力」這類概念，即言語可以視為一種傷害人的暴力（繼而可以用物理暴力去回應）。

可是，也許你會說：言語暴力的確有這麼一回事呀？

然而覺醒世代眼中的言語暴力跟我們的認知並不一樣，只要他們感到被冒犯，那些言論就是言語暴力，完全忽視發言者的前文後理、語氣以及意圖。

例如喬治·佛洛伊德遇害後，時任麻省大學洛厄爾分校護理學院院長對內發出電郵通告，譴責所有針對有色人種的暴力，悼念這些暴力下的死難者。通告同時呼籲校園上下團結反對暴力，黑命

寶貴，眾命亦然 (BLACK LIVES MATTER, but also EVERYONE'S LIFE MATTERS)。

電郵被某些覺醒員工解讀為暗中反對黑命貴口號，繼而引伸到院長對黑人員工沒有提供安全有保障的工作環境，加上這是護理學院，這種人並不適合處理人命攸關的教學工作，必須解僱，校方「從善如流」並不給予院長自辯機會，下令立即打包走人。^(註 11)

這麼霸道？是的，這引伸到海特教授的第二個觀察：事主的感覺比一切都重要。
這一點聽上去好像有點屁孩的意味，這是覺醒社運的核心思想。2005 年 LBGT 遊說團體人權戰線 (Human Rights Campaign) 對於性別的定義^(註 12)只有「誕生時的性別」以及「身體性別」兩個分野，可是大約十多年後的專業遊說行動，已經將性別的定義改變成「事主的主觀認知」，換言之就是當事人覺得自己是甚麼性別就是甚麼性別，而拜登以及民主黨亦大力鼓勵這種定義，例如拜登 2019 年競選時曾表示囚犯可以按自己感受的性別分發至對應監獄。^(註 13)

海特教授指出，感受並不是可靠的指標。一般來說尊重別人的主觀感受當然不是壞事。可是一旦涉及重大決定如變性或指控某人歧視時，將多變的感覺完全取代邏輯甚至專業判斷，就顯得很有問題。

這種以感受凌駕客觀觀察的趨勢近年在美國的社交平台（尤其以抖音為主）相當流行，比方說年輕人聽從了抖音一些社運 KOL 言論後，紛紛以自己主觀感受為基礎，自行診斷自己患上各種罕有的

嚴重精神病，精神科專家對這類現像嘖嘖稱奇同時感到極之憂慮，因為這些「狼來了精神病」會影響真正病人的求助資源，關於各種「自行診斷」現像，下一章覺醒性教育將另行探討。

這種「感覺取代邏輯」的風氣並非單純小孩子不更事的問題，不少社會賢達也鼓勵大家如此思考。比方說前文提及的「仇恨言論」或「言語暴力」，當事人一時感受完全可以忽視對方的意圖、語境以及邏輯思路。一旦涉及爭議時，社會輿論慣於根據事主的「受害人身份層級」，不問情由的賦予無限度信任及同情。

對於北美以外的人來說，這種矯枉過正的反應也許難以理解。如果將之視為一個「感受共同體」，事情會變得明白得多。以感覺思考的覺醒世代，為了尋求別人認同自己的感受，逐漸凝聚成為一個「正義回音谷」互相取暖。表面上他們好像在追求社會正義，為弱勢發聲抱不平，可是有細心留意他們所作所為就會知道濟弱扶傾從來不是他們的目標，甚至只是一個表面的幌子，大部份的所謂社會公義戰士 (Social Justice Warrior, SJW) 的行動，充其量是尋找一個方便安全的公敵，齊聲討伐後再轉移消費下一個邪惡對象，這也就是海特教授最後一點的觀察：在覺醒新世代眼中，世界就只有黑白兩種顏色；善良的我們 vs 邪惡的他們。

傳統左翼社運通常有着明確可量化的行動目標，比方說為工業意外受害家屬爭取賠償，或者停止興建某些對社群有害的企業基建等等。可是新世代的覺醒社運往往只有很虛泛而且無法解決的目標如：打倒父權、打倒白人至上主義、消滅歧視等等。
消滅歧視當然人人支持，傳統進步派社運是針對消滅行為而不是消滅對手，例如禁止人使用有歧視色彩的字句或者職場上的差別

待遇等等。覺醒派是強調將對方打擊至永遠消失爲止，而行動目標沒有很清楚的定義（何謂打倒父權？如何定義爲「成功打倒」？），這種沒有終點的社運，自然只會永遠持續下去，很可能永續就是覺醒派社運目的。

參考資料：

要打一場永遠打不完的戰爭，首要條件是有源源不絕的兵源，兵源從何來？覺醒派的眼光早已放在中小學甚至幼兒班。

（註1）
https://www.youtube.com/watch?v=58NFBsEsVqQ

（註2）
https://www.theguardian.com/film/2020/oct/14/gal-gadot-cleopatra-backwards-step-for-hollywood-representation

（註3）
https://www.theguardian.com/tv-and-radio/2023/may/10/queen-cleopatra-review-a-fun-drama-weighed-down-by-the-self-serious-need-to-educate

（註4）
https://www.youtube.com/shorts/6H9rPd1JfmM

（註5）
https://www.reddit.com/r/KotakuInAction/comments/hvbpvt/paste_magazine_claims_that_ghosts_of_tsushima_has/

（註6）
https://redstate.com/brandon_morse/2020/07/30/japan-ghost-tsushima-n249447

（註7）
https://www.youtube.com/watch?v=x7QDO7PG7wU

（註8）
https://www.youtube.com/watch?v=IT2UH74ksJ4

（註 9）
https://www.youtube.com/watch?v=GNXm7juuM-8

（註 10）
https://www.youtube.com/watch?v=4JC58UYeaBs

（註 11）
John McWhorter, Woke Racism: How a New Religion Has Betrayed Black America, pg 2

（註 12）
Ryan T. Anderson, When Harry Became Sally: Responding to the Transgender Moment, pg 29

（註 13）
Debra Soh, The End of Gender: Debunking the Myths about Sex and Identity in Our Society, pg 209

＊ www.sexualdiversity.org 上出現過的性別身份一覽（並不完整，據稱現有超過 150 種性別）

Abinary　Gender gifted
Agender　Genderfluid
Ambigender　Genderflux
Androgyne　Genderfuck
Androgynos　Genderless
Androgynous　Gendervague
Aporagender　Gender nonconforming
Autigender　Genderqueer
Bakla　Gender questioning
Bigender　Gender variant
Binary　Graygender
Bissu　Heterosexual
Butch　Hijra
Calabai　Intergender
Calalai　Intersex
Cis　Kathoey
Cisgender　Male
Cis female　Male to female
Cis male　Man
Cis man　Man of trans experience
Cis woman　Maverique
Demi-boy　MTF
Demiflux　Multigender
Demigender　Muxe
Demi-girl　Neither
Demi-guy　Neurogender
Demi-man　Neutrois

第二章 弄權：
強灌覺醒意識

Eunuch　Other

Female to male　Person of transgendered
Femme　experience
FTM　X-gender
Gender bender　Xenogender
Gender diverse

四 . 覺醒性教育

圖 4.1 覺醒社運份子：才沒有對孩子洗腦這回事

2023 年 3 月，一名女裝示人的非二元跨性別抖音網紅，多次呼籲小朋友快跟父母斷絕聯絡，找他私聊各種性問題，甚至可以「成爲新家人」。

2022 年 2 月佛羅里達州通過「家長權利教育法案」(Parents Rights in Education bill)，限制校園對幼童講授成人程度的性話題，亦即覺醒圈子所講的「不許講同性戀法案」(Don't Say Gay bill)。此法案主要針對禁止校園內泛濫的性小衆教育內容，尤其不少跡近色情，有變狎兒童 (grooming) 之嫌。左傾資訊查核網站 Politifact 發文表示變狎兒童是假新聞，純粹是共和黨及右翼煽風向的口號，兒童沒有受虐待就不算變狎。(註 1)

2022 年 5 月傳媒報導英國校園變得充滿色情元素，有家長的中學女兒投訴她討厭「戀獸癖」(furry)，追問下原來學校讓學生穿上戀

獸癖服裝，戴上性虐綑縛情趣玩具作「性文化教育」，老師礙於不能違反「多元包容文化」無法異議，甚至必須鼓勵這些教材在校內流通。

近年英美加校園都相繼大量引入變裝皇后作學校作各種表演，例如 2021 年英國工黨邀請一位「彩虹假陽具屁猴」(Rainbow Dildo Butt Monkey) 變裝表演者，晃着矽膠假陽具擔任倫敦圖書館的兒童閱讀大使。美國校園亦常有小孩在學校安排的「家庭友善」變裝表演活動中，拿着金錢塞進變裝皇后的性感舞衣內作打賞。

圖 4.2 倫敦圖書館兒童閱讀大使：彩虹假陽具屁猴

家長對於這些安排通常不知情也無從異議，甚至有覺醒老師在抖音上明言：家長權利是一種右翼法西斯的概念，所有（性別相關）事情必須以學生的意願為先，家長無權置喙，如不接受就由學校及社工取締家長。

美國以及不少英語地區的校園已變成覺醒派的性別文宣統戰場所。深入探討覺醒性教育之前，先來點基礎問題：人有多少個性別？

多數讀者會答兩個，心思慎密一點的可能答三，試圖將雌雄同體的雙性人 (intersex) 也算進去。

如果你問美國的覺醒派性教育老師，答案就會覆雜得多，因為「性別」可以拆分為四個部份：

1.「生理性別」(biological sex) 是出生時的性別，共有男女及雙性三種。(可是根據生物學定義，雙性人並不屬於第三種性別，因為從沒有雙性人擁有兩個同時具備生殖機能的性器官，而生物性別主要以生殖機能作首要指標。)

2.「性別身份」(gender identity) 亦卽自我感知的性別，例如生理男的性別身份可以是女人，或其他。自前性別身份的數量沒有統一數字，有些性資訊網站顯示七十多種，維基百科上有百多種性別身份，曾有跨性別社運團體向 BBC 表示有超過 150 種性別。除了常見的同性戀、變性或非二元性別之外，有些性別身份直接跟古文明有關如印第安人執行某些儀式時的第三性別 (two spirit)，甚至太監 (eunuch) 也被歸納作性別身份。覺醒性文化主張性別身份是一個光譜 (spectrum)，亦有覺醒派認為性別身份只是社會加諸的建構物 (social construct)，性別並沒有任何實際意義，可以自由重塑。

3.「性別表現 / 性別氣質」(gender expression) 屬個人的性別氣質如陽剛、陰柔或中性。

4.「性取向」(sexual orientation) 代表對哪種性別的對象有性交的生理慾望。如何稱謂多元性別人士又是另一門大學問，華文很簡單只有他 / 她 / 牠 / 它，勉強把耶教神明稱謂「祂」也只有五個代詞。覺醒多元性別的「新代詞」(neopronouns) 首先將 they 變成一個無性別代詞，曾被笑話「你說 they 是一個 they 還是一群 they ？」

英語除了常規的 he / she / it / they，現在多了 Xe / Ze / Et / Ae / Ve 等新代詞，視符事主自己喜好而定，例如有人會使用中性的 Mx 取代 (Mr.Ms.)，亦有脫離常人認知的 fish / toy / godself / ghost 等等，

社交平台上不斷有新的代詞推出。如果閣下不遵從對方意願使用指定的稱謂，會被視作「錯稱性別」(misgender)，覺醒人士視為很嚴重的傷害，尤其對跨性別人士來說，會有嚴重被否定的感覺，2023 年 3 月發生女跨男校園槍擊案六名師生被殺，各媒體對槍手呵護有加未有苛責，《紐約時報》甚至發公開聲明就錯誤報導槍手性別身份而道歉。

在社運組織多年大力推動下，除了極保守的學校，大部份已採納覺醒派的性別身份等文宣作常規教材內容，甚至低至幼稚園已經開始教導幼童這些複雜概念。至於一般性知識方面，美國性教育現時粗分成兩大類，較開明的州份會盡量覆蓋所有涉及性相關的環節，相反保守派州份就會主要針對保健安全及生理衛生等技術內容，避談其他。有些地方會完全避談性教育。

性教育其中一個主要目的是宣揚安全性行為，減低年輕未婚懷孕機率，以及提升安全性行為意識，降低年輕人染上性病的機會。

每個州的性教育都受到當地州政府取態影響，例如在阿肯色州的性教育可能是：最安全的性行為就是不要作婚前性行為。相反，加州的性教育會有相當大差異，包括計劃生育、相互同意性行為以及性別身份等等的題目。[註2]

性教育一向是保守及進步派的角力場所，保守派家長多少將自己的宗教信仰和禁忌帶到公共教育政策層面當中。無疑這方面進步派的州份學生可以接受較全面的性教育，可是進步派教育卻有着另一種的問題：性小眾以多元及包容為口號，騎劫了性教育內容以及方向。

覺醒老師出於自身性取向或偏好，對於兩性概念仍在萌芽階段的幼小學童宣揚同性戀和變性是很輕鬆很棒的事情，有意無意忽略幼小學童未踏入相對應的生理階段，並不適宜過早處理這些複雜概念。加拿大性科學研究學者黛博拉·素 (Debra Soh) 警告有些同性戀傾向的學童，早期發展跟跨性別有點相似，可以沒有受過專業訓練的覺醒老師們，會「阻止跨性學童自殺」爲由，鼓勵這些學生盡早實行變性計劃。而有部份負責爲學生安排變性手術的性別重置診所，近年被人揭露缺乏專業操守幾乎無人把關，關於跨性別一節另作詳述。

跨性別網紅 Blaire White 批評這些老師不單罔顧幼齡學童教育及發展需要，將自己的個人偏好強加諸對方身上，部份老師更有相當的自戀問題，需要從學童中獲得認同（例如認同自己的性取向或跨性別手術），再將過程拍成短片放上社交平台得到更多掌聲。

除了自戀，覺醒教育亦充斥着情緒勒索。例如一本叫《This Book Is Gay》的性教育課外讀物，作者在文章開始就表明如果讀者沒有興趣了解男男的性交知識，他們就是恐同以及讓同志感到邊緣化。這種「不歸邊就是加害我們」的情緒勒索也是很多覺醒社運老師推動各種極左性教育時的一貫心態和手法。尤其推動跨性別相關的事情上，更會（選擇性地）採用跨性別者自殺率高的數據，指責質疑或反對覺醒性別文宣就是殘害跨性別界，支持力度不夠亦屬同罪，關於跨性別界的種種爭議下文將另作詳述。

當校園變成性文宣中心及夜總會

圖 4.3 刻意拿走國旗的覺醒老師

新派覺醒老師喜歡在社交平台（主要是抖音）上表現自己，通常頭髮染成螢光色，有鼻環或唇環，幾乎全部都屬於 LGBTQ 性小眾當中某個光譜。當然不是所有覺醒光譜的老師都這模樣，例如將《白種脆弱》社運文宣融入數學的「平等數學」老師外觀就很平常，只不過愛上抖音炫耀的都幾乎符合某種定形。

以往的老師主要教授學課內容，以及能廣泛應用在社會的大原則，覺醒派課程則傾向將覺醒社運文宣盡可能地套在常規課程上，例如文學課批判沙士比亞的白人至上仇女問題、將交叉種族理論摻混在數理科目當中，又或者在校內推動覺醒社運相關的儀式，例如要求

白人學生向黑人同學扮演奴婢（由平權變成贖罪式逆向歧視）、用 LGBTQ 彩虹旗取代美國國旗，要求學生對之宣誓效忠等等。

覺醒老師很樂於在抖音和學生前公開自己的性取向或者談及自己性生活，同時鼓勵未成年學生參與（主要是非異性戀）的性話題或活動，將想法相近的學生串連成一個被逼害共同體：以覺醒小衆的身份對抗社會體制以及家長的逼害。

以往普世教育就是培訓學生在德智體群美的成長，覺醒教育則鼓勵學生將生活一切都變得高度性欲化 (hypersexualized)，這類手法亦因此被家長指責是變狒行為 (grooming)，旨在將學童洗腦成社運份子的工具甚至馴化爲性對象。

覺醒派老師以至各支援團體，都會預設不支持學生性觀念的家長是逼害者，必須「糾正」或排除。例如對於性別身份認同有所轉變的學生，可以要求老師及校方保密，包括對家長秘而不宣。學生家庭一旦出現相關的矛盾，社工更可第一時間介入。

本來這是保護學生免受某些極端保守的家長所傷害的措施，出發點善良，可是逐漸變成激進覺醒社運人士操控學童的利器，將大小性相關的「學習活動」不向家長公開亦不鼓勵學生跟家長分享。例如英美校園內近年引入大量同志的變裝皇后文化 (drag culture)，亦卽傳統認知的人妖秀，校方表示這是提升社會大衆對於性小衆的接受程度，令社會更多元包容。以往學校的課外活動家長有權選擇是否讓學童參與，但變裝活動則常有家長事後抗議不知情，子女亦無法不參與。

圖 4.4 變裝皇后 Flowjob 曾應英國國會議員之邀到學校表演

很多變裝皇后打扮舉止以至藝名都帶有強烈性意味，例如有一位表演者藝名叫 FlowJob（俚語：腳交），受英國國會議員邀請，到英國校園作多次表演，可是家長揭發此人的個人 IG 帳戶有大量跡近色情的照片，引起各界抗議投訴。然而負責邀請的國會議員仍然強調沒做錯，是家長們在恐同。

同志社群熱烈支持變裝表演者走入校園，可是也有變裝界的人反對這種表演，變裝皇后 Kitty Demure 對於邀請變裝后到校園甚為不解，他反駁說：變裝皇后就是成人夜場的表演者，他們穿起性感藝衣，擠胸張腿作艷舞，到底這有甚麼值得學校如此推崇，非得邀請他們充當各種教育大使不可呢？變裝皇后的後台有各種性行為、裸露以及毒品。

你真的想學生跟這些人扯上關係嗎？如果一個成人電影女星或脫衣舞孃走入校園化身作學生榜樣，你覺得可以接受嗎？如果不能，為何變裝皇后可以例外？(註3)

知名網台主持祖·羅根 (Joe Rogan) 亦曾公開質疑教育當局大力引入變裝表演背後的動機：好些易服癖的男人在小童面前搔胸弄姿就會產生性快感，有學校包庇掩護下，他們可以公開展露自己的性癖而不受追究。[註4]

隨着外界質疑變裝皇后的聲音增加，左派亦隨即加大力度強推更多變裝表演者走入校園。紐約市政府被揭花費了二十多萬美元於變裝表演團體，市長表示這類變裝校園活動將會繼續。網上亦愈來愈多未成年少男作變裝打扮，到舞台上跳艷舞的短片，而且這些活動受到校方以及性小眾社運輿論鼓勵。

到底這些將校園高度性欲化的教學措施，確實如覺醒者所堅信般，是在宣揚新時代的進步理念，還是有如大眾所批評的洗腦及變狎教育？

兩極當中有好些灰色空間可以議，可是覺醒派急於將家長從整個教育環節中撐走，就難免有跡近邪教洗腦之嫌。例如近年好些打着反歧視的平權組織極力循醫療、立法及學術界爲戀童癖正名，要求社會不要歧視戀童者，將戀童癖 (pedophilia) 改成政治正確的名稱爲「童性戀者」(Minor Attracted Persons, MAPs)，嘗試擠身成爲彩虹旗上其中一塊顏色，這種性癖社運令家長憂慮完全合理。[註5]

近期關於變狎兒童最大爭議，來自一名跨性別同志網紅兼人生導師傑佛瑞·馬胥 (Jeffrey Marsh)，抖音上他濃妝艷抹作女裝打扮，笑說：「小朋友你好！讓我告訴你，世上沒有生理性別這回事，你的父母搞砸了，不要跟他們再來往，請在 Patreon 上跟我私訊，

圖 4.5 跨性別網紅 傑佛瑞·馬胥 招募兒童觀眾跟他私訊

讓大家在私隱下談些事情，你家人不要你，我可以成為你的新家庭。」馬胥曾經受多個主流媒體訪問，上過 TED 演講，出過書，向 LGBTQ 及覺醒圈子提供人生輔導，在圈內相當有名。

有一名回教媽媽拍片回應：「為甚麼要小朋友私下聯絡你？你這個變狎兒童怪咖 (groomer)，遠離我的家人。」影片一出不少網民讚好，可是沒多久這名媽媽把所有影片刪掉，重新上載一段影片哭着道歉：「你想我道歉嗎？好，我認錯了。我收到一封電郵，將我所有家人的資料和行蹤都鉅細無遺詳列出來，求求你放過我的孩子好嗎？」

同志圈的媒體表示這是來自右翼逼害，馬胥純粹只想幫助人，而且他的 Patreon 有 18 禁警告，不存在變童的可能（有網民留言這個警告是爆發爭議後才加上去，也沒有阻嚇力）。另外，傳統兒童節目的主持也有對兒童提供人生建議，為何他們不是變狎者？這是異性戀至上主義。

圖 4.6 回教時評頻道 Smile 2 Jannah 回應傑佛瑞·馬胥

半島電視台報導事件後，回教界甚為震怒，亦引來基督教、印度教以及佛教網民同聲支持回教媽媽。一名回教評論員如此回應：你喜歡變裝變性變甚麼都好，這是閣下自由，不要滋擾我們的孩子也別碰我們的姊妹。我們不會干預你的自由，我們只是希望學校教授你們的覺醒性文化時，讓我們家長知情，可以選擇是否參與，這是很卑微的要求。換過來說，我們有要求你接受回教的價值觀嗎？你知道正統回教及猶太教對於同性戀有非常明確的規條，我們有要求學校遵從這些價值觀嗎？如果社會容許單方面強加覺醒價值到我們的孩子上，那麼自由社會的多元價值就破產了。（註6）

2022 年一位家長在電視節目中亦發表過類似見解：

> 培育一個多元、尊重以及反欺凌環境是校園永恆的要務，可是當中有條灰色界線不應踐踏。例如 20 年前我不會跟學校說我是個女同志，然後要求所有人放下自身的道德觀、

so the public schools need to focus on
fact yes not on beliefs so

圖 4.7 Dr. Phil 清談節目一名家長：「公立學校課程不應以覺醒政治意識凌駕事實。」

宗教信仰及個人價值，齊聲認同甚至稱讚我的性取向非常
棒。

以前同志平權運動只是講求「包容」，今天卻由包容變「服從」，
爲的是營造一個「安全」的校園環境，爲了安全，所有人都
得歌頌某一撮人的價值觀，這是侵害權利，並不是眞正多
元和包容。

同場的教師代表夾雜一臉鄙夷和同情回答：

你回到家關上門，相信甚麼可怕的東西是閣下自由。可是
校園就要共同遵從一套確保大家安全平等的理念。這些理
念是全美國多個醫護專業團體都一致認同，有很堅實的科
學基礎。[註 7]

到底覺醒性文化的科學理據有多堅實？校園內外鼓勵學童進行不
同程度的性別重置是否經得起質疑？來自保守光譜的心理醫師如
保羅·麥克 (Paul McHugh) 或者較年輕的左翼性學研究學者黛博拉·

素先後指出覺醒派祭出的「科學證明」或「研究發現」不單經不起考據。覺醒派社運「種族」以及「性別」兩條主線，「性別」社運爭議不斷，當中更涉及跨性別跟女權份子的矛盾。

參考資料：

(註 1)
https://www.politifact.com/article/2022/may/11/why-its-not-grooming-what-research-says-about-gend/

(註 2)
https://www.youtube.com/watch?v=re3x5vXMSX8

(註 3)
https://www.youtube.com/watch?v=XA07ta2tJpQ

(註 4)
https://twitter.com/MythinformedMKE/status/1626376978906419200

(註 5)
https://nypost.com/2021/11/15/allyn-walker-says-attraction-to-children-isnt-immoral/

(註 6)
https://www.youtube.com/watch?v=_yCRhxL5NHE

(註 7)
https://www.youtube.com/watch?v=69fM6fIMrU4

覺醒性教育參考案例

涉嫌摻雜色情意識的教材或課外讀物，亦悄悄潛入到中小學校園的藏書閣裡面。以下是著名右翼帳號 Libs of TikTok 蒐集到的例子，可是案例實在太多，而帳主本人查雅・麗戚 (Chaya Raichik) 因多次被左翼社運人士檢舉封帳，紀錄已殘缺不全，以下是比較近期的案例：

（一）佛羅里達布勞沃德郡中學，學校圖書館有一本稱爲《Flamer》的課外讀物，當中有圖文並茂的男男性交情節。並有提及男主角手淫、跟其他男生調情以及觀看色情物品等等。校方遭受家長投訴後已暫時收起不作借閱。

（二）阿拉楚阿公立中學圖書館中有一本名爲《This Book is Gay》的課外讀物，當中發現有男男性交內容以及使用同志交友 app 約炮的情節。其中一節描述男男性交細節時，表示非同性戀的讀者可以略去不看，然而這就代表他們是結構性「恐同」，因爲教育系統有教授異性戀性交情節，並將之標籤爲正常，令到 5% 的同志社群感到不正常，所以任何多元包容的老師應該同時教授同性戀性愛，不然就是傷害同志社群。這本書被家長投訴爲過度露骨、偏頗以及不宜在學校環境展示，事件曝光後校方已將書籍下架。

（三）家長在匹茲霍克學區聽證會前朗讀校內 grade 10（約 15 歲）強制讀物，當中有明確性交描寫，一本有教授如何使用交友 app 跟同性戀人士約炮及見面性交，並詳述如何磨擦性器官引起性興奮及高潮等等。其中一名委員感到非常尷尬，數度要求家長中止朗讀。

（四）北奧克拉荷馬城普特南市公立學校一本叫《Let's Talk About It》的課外讀物，當中鼓勵學童上色情網站滿足自己的性幻想，書中有簡單提及有些地區觀看色情內容是違法的，所以學生請自行做資料搜集。內文亦有詳細圖文示範如何手淫及使用性玩具。

（五）威斯康辛州希博伊根市公立中學圖書館內有一本叫《Gender Queer》的課外讀物，當中有大量男同性戀性愛場面，包括肛交及口交等情節，非常露骨。

（六）密蘇里州肯薩斯城一名幼稚園老師對幼童閱讀一本名叫《Julian is a Mermaid》的性教育故事書。故事關於一個幼兒探索變性以及變裝的經歷，最後主角只穿着內褲參加同志主題巡遊。

（七）華盛頓一所中學的教材，當中要求學生熟習各種 LBGTQ 性小眾術語，同時要求他們回答各種性傾向的人如何性交，以及在情境題中描述一個男同志如何參與性巡遊並感到自豪等等。

跨性別社運，受害與加害的循環

圖 4.8 跨性別游泳選手打破多項女子組紀錄

2022 年莉亞·湯馬斯 (Lia Thomas) 以跨性別女選手姿態，打破大學錦標賽多項紀錄成為最快的女泳手，成績差距大得眾原生女選手難望其項脊，引起社會輿論強烈反對，最後國際泳聯表示為保障女選手賽事公平，禁止青春期以後才變性的跨女參賽。湯馬斯不是最後也不是第一個引起強烈爭議的選手。

2013 年曾經在海軍服役的綜合格鬥家法倫·福克斯 (Fallon Fox) 成為第一位踏足八角籠的跨性別女選手，最短曾在 39 秒內擊倒女對手，2014 年最後一場賽事更把對手的頭骨打裂。多名職位評述員表示男轉女的跨性別選手有着男性體格優勢，即使經過變性手術仍然難以保障公平。可是最大的爭議來自福克斯一則推文，她表示「打爆排跨女權 (TERF) 的感覺真爽！我享受痛毆仇跨的女人，一個被我打爆頭，另一個沒有。我愛這樣做。」事後福克斯表示這只是綜合格鬥界常有的打嘴炮文化，人人都做，大家只是針對她。

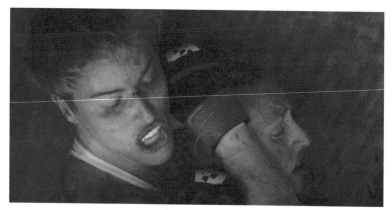

圖 4.9（左）第二位男跨女綜合格鬥家 艾倫娜·麥克夫林

被福克斯打至頭骨破裂的選手賽後發表對戰感想：「我跟很多女選手對戰過，福克斯的力量是我前所未見的。我不是醫生，無法確認她的力量是否因為原生男性生理所致。我自問是個異常強壯的女人，可是福克斯的握力感覺完全不同，我跟女選手纏扭時通常都可以挪動身體，福克斯卻可以把我完全壓制住。」

2021 年海軍陸戰隊出身的第二位跨女綜合格鬥家艾倫娜·麥克夫林 (Alana McLaughlin) 初陣報捷，第二回合以頸鎖勝出。麥克夫林也沒有受到公眾歡迎，即使變性後體格大變，好些網民仍然視她為一個「打女人的軍佬」。

2023 年跨女單車選手蒂芙尼·湯馬斯 (Tiffany Thomas) 以 46 歲高齡奪下女子組冠軍，湯馬斯在四十歲後才開始學習職業單車比賽，此後在多項選事中稱霸，亦同樣被質疑是否有違公正。

女跨男受到的限制較少，爭議也不如跨女多可是也有例外，2017年德州一名女跨男少年組摔跤選手麥克·碧斯 (Mack Beggs) 受當地法律所限，只能跟原生性別選手作賽，結果他壓倒所有女子組奪冠，女選手們認為他體內睪丸酮水平太高，對女選手不公平而且會構成危險。

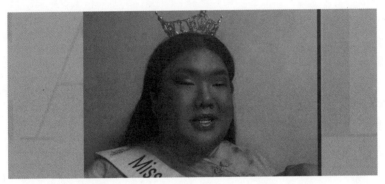

圖 4.10 2022 年大德里小姐冠軍跨女 Brían Nguyen

2022 年 11 月美國小姐選美，大德里小姐破格地由一名 19 歲亞裔跨女 Brían Nguyen 奪得。被輿論指責大會變得「覺醒化」，1998年英國小姐對大會決定深感失望，表示很多力爭上游少女的人生機會被覺醒政治奪走，更直言「這位生理男勝出只因為生得逢時」。

女子運動關注組織指跨性別選手對原生女性不公平，女子組的跨女選手經常奪魁甚至大破原生女子紀錄，有女選手表示她們被擠在一邊成為「覺醒價值」的陪襯品。

有誅心論者暗示「男子組不得意，轉換跑道在女人堆稱霸」，例如指莉亞·湯馬斯未變性時男子組排名 462 位，轉換賽道後馬上成為

大破紀錄的女子總冠軍，筆者認為這種誅心論沒有客觀基礎不宜鑽牛角尖，始終注射另一性別的荷爾蒙並不是輕鬆好玩的事情。

支持跨女的覺醒派指責反對者在仇跨恐跨，被共和黨以及右翼媒體洗腦。他們認為跨女跟原性女一樣都是女人，敗陣是閣下技不如人，跨兒運動員也不是必然長勝，比賽是公平的。

可是黛博拉博士指出雖然頂尖級體育女選手都有睪丸酮分泌，然而跨女的睪丸酮參賽上限卻是原生女選手五倍以上，而瑞典的卡羅琳學院研究發現，抑制跨女選手體內的睪丸酮並未削減選手的肌肉力量，即使用藥一整年亦如此。此外，荷爾蒙分為「組織激素」(organizational hormones) 以及「激活激素」(activational hormones)，前者影響體格發展而且不可逆，後者是平常在體內循環的荷爾蒙，能夠用藥物有效抑制。可是影響體格的荷爾蒙卻未被體育仲裁團體納入規範條件之內。

跨女多少涉嫌擁有原生女選手沒有的體能優勢，跨女選手的勝敗並不足以反證這些不公平優勢不存在。就近期跨女運動員爭議，亦有意見表示索性取消男女組合，混合作賽豈不更多元公平？

1998 年正值高峰期的網球選手威廉姊妹 (The Williams Sisters) 立下戰書，表示可以擊敗任何排名 200 內的男選手。排名 203 的德國男選手 Karsten Braasch 接戰，年屆三十而且有煙酒習慣的他輕鬆擊敗二人。

男女不分組別的話，男生在多項運動上有着無法彌補的體格優勢已是常識。為何覺醒派社運份子莫視現實差距，執着強調跨性別人士跟常人無異呢？黛博拉博士指這可能跟上一波的女性主義平權運動有關，當時的女權運動為了爭取平等權益待遇，力推「兩性相同論」，表示各場合下女性的能力至少跟男人一樣。

這個論調已經成功在社會紮根，現時職場主流共識並不會將女性視爲遜於男性的性別。可是兩性相同論忽略了性別差異及性別崗位。例如女權社運強調的薪酬差異原來跟女性離職產子有關，這點無法透過社會政策公平彌補，因爲補償母親重返職場，就是懲罰不結婚或不生育專注事業的女性。女權投訴理工科女性入學率偏低是歧視，可是多年各種政策微調也不得要領。這是因爲愈平等多元的社會，女性有自由選擇喜好的學科及職業，貧富差距大，又或女性地位偏低的地區，女性的理科入學率才會明顯提高，這些差異不是社運反歧視可以解決。

男女相同論到了今天覺醒派社運手上，就變成「跨男女跟原男女無異」。「跨原相等」這個理念延伸開去，引起最多矛盾的地方之一是公共設施如更衣室、洗手間以及澡室等。例如仍保有男生殖器的跨女出現在女洗手間或澡堂，會否令女性反感？又會否構成潛在的性侵犯風險？

跨性別社運支持者認爲不可將跨男女另置於專用空間，這會加深他們的心理傷害（跨性別自殺率偏高），現實上無法叫跨女先脫褲驗明正身才放行，再說現時英美已有足夠法律保障女性，制裁潛在的犯罪者，呼籲社會對跨性別人士放下成見，多元包容。

美國不少校園均以保障跨性別人士感受爲優先，假如原生女無法與跨女共處一室，原女會被勸喻離開使用其他設施。

上述論據有相當盲點，例如英國的中性公共設施就被投訴是各種性侵行爲的熱點。「跨性別友善」共用空間最大風險未必來自跨性別人士，倒是有心入侵這些空間的男性犯罪者，利用跨性別的保護光環作案。

2023 年初蘇格蘭有一跨女強姦犯 Isla Bryson 被判入女子監倉，女囚感到人身安全受威脅，引發社會強烈爭議，甚至唐寧街也先後關注事件。後來當局將 Bryson 改送到男子監倉，同時改爲將跨性別囚犯先安置於原生性別監倉，再按個別情況評估。

黛博拉博士表示，雖然 2019 年拜登在 LGBTQ 論壇時誇下海口，指監犯可按自我感覺分發去相應監倉，實際上無論如何安置跨性別囚犯都會引發一定安全問題，例如跨女性罪犯有可能危及女囚犯，跨男很可能被女囚犯針對。將跨性別者劃一判往男監倉也未必可取，事關男囚犯可不是天下最包容友善的人，跨性別者被毆至重傷留院的個案同樣存在。

跨性別囚犯判囚時未有進行性別重置手術，有可能只是因爲無力負擔，也可能是別有用心的反社會罪犯，企圖利用制度漏洞，也許後者機率不高但沒有人會想中獎。近年倫敦將跨性別人士另設囚室處理，讓他們相對安全地過渡性別重置階段。

圖 4.11 被判入女子監倉的男跨女強姦犯 Isla Bryson

犯婦人羅琳所犯何事？

就算沒有太留意覺醒派爭議的人，多少也會留意到哈利波特作者J.K.羅琳過去數年間一直被大小媒體狙擊指她是恐跨排斥跨性別，電影的演員紛紛跟她保持距或者譴責，甚至哪位哈利波特演員「沒有」跟羅琳割席也值得成為新聞報導。《紐約時報》在2022年初的訂閱廣告寫有「某某在想像沒有了作者的哈里波特」，結果被網民套用同樣的句子回敬：「我們在想像沒有了《紐約時報》的新聞」。

2023年2月哈利波利的衍生遊戲巨作《霍格華茲的傳承》正式上市，再次引發抵制羅琳的爭議，指這是「傷害跨界的產物」，覺醒派遊戲媒體也極力挖出各種「證據」說指遊戲質素奇差、遊戲中的跨性別角色是偽善、羅琳正密謀令社會仇恨跨界等等。

《霍》面市後大受好評賺個盤滿砵滿，有左翼的明星遊戲頻道主建議，反正遊戲大熱，不如照樣推出《霍》的遊戲直播籌款，再捐給有關慈善機構幫助弱勢跨兒。可是這也遭受覺醒界強烈反對，結果該直播主唯有道歉取消行動。

到底羅琳做過甚麼事，跟跨性別界結下這麼深的仇恨？主要有兩大關鍵。

羅琳被跨界罵作TERF，全寫是trans-exclusionary radical feminist，中文譯作「排斥跨性別的激進女性主義者」或「排跨女權」，他們強調維護原生女性的權益，並不承認跨性別女是女性，因此不將跨女列入女權的保障對象。有趣地根據這種原生性別邏輯下，他們會視跨男為女人，並作出某種程度的包容，但跨男通常不希望被視為女性。

圖 4.12 三名社運份子於羅琳家門拍照公開她地址

羅琳多次推崇的一位激進女權主義者瑪雅・福斯塔特 (Maya Forstater) 正是排跨基女的代表人物，福斯塔特信奉原生性別絕對主義，認爲無論怎樣變性也變不出原生性別，同時極度反對近年跨性別界的「自我身份認同」主張：「一個男人自我認爲是女人或甚麼都好，他仍是個男人」。

福塔斯特的極端觀點被跨性別社群視爲不共戴天大仇人，而羅琳一直大力支持，讚揚她致力爲女性奮鬥。

羅琳跟跨群爭議的第二關鍵，在於她就自己觀點發表過一篇文章，分開五個論點解釋自己立場：

> 1. 羅琳一直資助弱勢兒童及女性權益，可是跨性別界社運將男女性定義模糊化，將生理男跟原生女視爲等同，稀釋了弱勢婦女的權益。
>
> 同時，她資助多發性硬化症 (Multiple sclerosis, MS) 的醫學研究，此病對男女性影響有明顯分別，而覺醒社運去除性別身份的主張，也會影響這類科研運作。

2. 跨性別社運在校園的性別教育對學生有很大（負面）影響。

3. 跨性別社運份子打壓言論自由。

4. 跨性別社運可能干擾了女性的自身認同感，令不少經歷迷惘成長期的女人誤以為變性是唯一答案，有數據指英國女跨男個案激增 4400%。

5. 現在基於事主自我認同作準的簡易跨性別平權政策，會令原生女人陷於更多性暴力風險，如跨女原女共用更衣室。
(註8)

黑人跨女網紅 Kat Blaque 回應：「恐跨 (transphobic) 一字，如果 trans 解跨性別，phobic 解恐懼的話，羅琳這篇文充份展示了對跨性別群體的恐懼，說她恐跨完全符合字義，無可辯駁，羅琳有這個立場，即使說再多支持跨兒的好說話，她也不是跨界的同伴。她絕對有自由說自己理念，但別人也有自由指出她恐跨排跨。」(註9)

羅琳推特上除了面對無數辱罵外，也有鼓吹「必須痛毆恐跨者」這類暴力言論。2021 年羅琳表示有三名社運人士在推特上公開了她其中一個住宅的地址。支持者認為這是公開登記資訊，當地旅行團也有介紹，沒有問題反指是羅琳在裝受害人。

2022 年 8 月《撒旦詩篇》作者薩爾曼・魯西迪被孤狼式刀手行刺重傷，羅琳在推特上表示難過，然後有人留言「不用擔心，下一個將會是你」。

羅琳曾經表示如果將所有的死亡恐嚇印列出來，足夠貼滿整間房子。跨界社運份子對這些行為通常略過不提，或者輕輕一句「這是

Steven Shaviro
Yesterday at 6:37 PM · ⊕

So here is what I think about free speech on campus. Although I do not advocate violating federal and state criminal codes, I think it is far more admirable to kill a racist, homophobic transphobic speaker than it is to shout them down.

When right-wing groups invite such speakers to campus, it is precisely because they want provoke an incident that discredits the left, and gives more publicity and validation to thes reprehensible views than they could otherwise attain. The protesters get blamed instead o bigoted speaker; the university administration finds a perfect excuse to side publicly with racists or phobes; the national and international press has a field day saying that bigots are ones being oppressed, rather than the people those bigots actually hate being the victims oppression.

圖 4.13「對着歧視和恐跨恐同人士，不用辯論，直接殺掉最好。」

不對的，但讓我們繼續反駁羅琳的論點⋯⋯」覺醒派經常將反對者的言論標籤爲「仇恨言論」，可是 GBN News 展示一些推特常見的跨界社運支持者帖文，例如有鼓勵用纏了鐵絲網的球棒怒打反對者、每天捅死一個排跨者，記得扭一下才把刀抽出來。底特律韋恩州立大學教授史蒂文·夏維羅 (Steven Shaviro) 曾經在社交媒體上公開表示「我對校園言論自由的看法是：對着種族主義者、恐同恐跨者，與其費力跟他們對罵周旋，直接殺死他們才更可取。」(大學已將夏維羅停職並報警。)(註 10)

明顯左傾的媒體對於跨性別者的仇恨言行特別寬容，例如今年 3 月底英國海德公園有一群原生女權份子發表演講，結果被跨界社運人士包圍，高唱：「只有死去的納粹份子才是好的納粹份子」，警察刻意離場任由原生女權隊伍被包圍，而傳媒亦配合社運份子的口徑或明或暗指這些是納粹支持者。

筆者必須澄清一點，這些暴力份子很多根本不是跨性別人士，更不可能代表跨界全部意見。例如網紅跨界老爸 Buck Angel、跨女

圖 4.14「如果你是排跨女權者，你會被纏上鐵線的棒球棍打爆。」

Blaire White 或跨男 Marcus Dib 都是站在覺醒派對立面的黑羊，堅持尊重女權以及批評跨性別界各種謬論陋習。

跨性別社運份子如此惱火的原因可能是：跨兒本身自殺率就已經高企 (41~48%)，精神飽受困擾，外面又被人歧視欺凌，你阻止他們接受平等待遇以及變性護理服務，跟推他們去死沒有分別。

羅琳陣營的觀點主要是針對覺醒派的後現代性別觀，例如每天可以流動的性別身份、各種稀奇古怪的自創性別身份……她們尤其反感覺醒派作出很多令女性感到被剝削的主張，例如新的政治正確詞彙將女人 (woman) 變成 會月經的人 (people who menstruate)、母親 (mother) 改為生育家長 (birthing parent)、太太 (wife) 變成配偶 (spouse) 等等。

跨界社運主張這會令跨性別者同樣受到包容接納，因為女跨男當上爸爸後也可以懷孕，跨男一樣有月經但他們不自認作女性。反對者則認為，這類詞彙將原本充滿意義的身份削平為性功能標籤。

跨性別運動員突然橫空出現稱霸女性體壇、跨女當選爲「年代女性」或「xx 小姐」、上文所述的跨女強姦犯獲判入女子監倉等等，都被視爲直接侵害了女性權利、上游機會甚至人身安全，加上覺醒派主張的多元性別流動論，性別不單止定義鬆散，而且可以隨時游移，甚至有些覺醒派主張消除「男人」和「女人」的定義，福塔斯特這種極端原生性別主義多少是針對覺醒派的反彈，這是覺醒跨運跟原生女性權益的直接矛盾。

面對種種矛盾，覺醒派要求原生女性全盤接受，否則就是恐跨納粹份子，可視爲害蟲般暴力剷除。相反原生女權則完全否定跨性別人士的性別身份，同樣否定眞正患有性別認同障礙人士的掙扎，似乎彼此正陷入一種雙輸的僵局當中。

圖 4.15 覺醒前後

傷害覺醒社群的壞科學

覺醒派跨性別社運主張性別身份可以流動，對於科學事實的定義，似乎也會流動可變。

2018 年布朗大學助理教授麗莎‧列文 (Lisa Littman) 發表一份研究論文，調查近年大量年輕人突然要求進行變性的現像。調查中有超過 25% 的年輕人表示自己是同性戀取向，三成以上表示自己是雙性戀。

大約六成以上至少有一種精神問題如焦慮或自閉。這些年輕人當中不少曾經有精神創傷或自殘紀錄，他們過往童年病歷並不具備精神疾病診斷與統計手冊 (DSM guildline) 當中所定義的性別認同障礙病徵，列文教授指這種大規模性別障礙可能受同儕及社交媒體影響，並稱之為「急發性別認同障礙」(Rapid Onset Gender Dysphoria, ROGD)。報告指出大量年輕女生面對成長的性定形壓力（我一向都像個女漢子，難道真身是跨男？），或會在同儕及師長誘導下誤以為變性是出路。另外遭受家暴或性暴力的受害者，亦很容易認為化身男性可以擺脫無力感。[註11]

這份報告引起覺醒派強烈爭議，因為在覺醒派主旋律中，性別認同障礙是天生不可侵犯的狀況，任何暗示有群帶做效或後天沾染的論調必須徹底刪除。覺醒輿論指責這是以科學之名宣揚恐跨歧視，稱之為「垃圾科學」「反跨文宣」等等。反對者指責調查只訪問家長，忽略青少年本身，同時涉嫌在反跨網站作抽樣訪問，數據源頭並不可信。

布朗大學面對各界排山倒海的壓力連忙收回論文，罕有地表示將會重新作同行評審。

列文教授本人政治光譜屬左傾進步派，調查報告訪問的家庭超過八成以上支持婚姻平權以及跨性別平權，調查抽樣手法在過往支持跨性別議題的研究中亦一直沿用，將之咬定爲「反跨文宣」則甚爲牽強。倒是覺醒派見到羅琳也引述這份報告，逆向推斷認爲研究打從開始就是不安好心。

多倫多大學心理系教授，長年研究國際兒童性別認同障礙的專家蘇珊·布拉特利 (Susan Bradley) 表示：「診斷性別認同障礙病人的時候，必須同時審視他們童年有否重覆出現同類病歷。單純根據病人強烈變性願望並不足夠，因爲年輕人執迷一件事時，可以非常執着。」

2019 年列文教授的報告經二度同行評審後重新出版，新修訂其實只是標題及部份措辭稍作修改，核心內容不變。然而左媒及覺醒社運派視之爲重大勝利，因爲這次重大爭議，專業醫療機構均拒絕承認「速發性別認同障礙」這個概念，避之則吉。另外左媒引述研究指某些年份新增跨性別人口有下跌，不符合列文教授報告中爆發式增長的預測。

但是 2007 至 2017 十年間美國的青年跨性別診所由一間變成 41 間，2021 年更急升至 60 多間。[註12] 這不可能純粹因爲社會風氣變得包容，所以更多跨兒敢於變性這麼單純。至於社交媒體的影響力有多大？ 2018 年抖音上出現「汰漬洗衣膠囊大挑戰」(Tide Pod Challenge)，不少年輕人將洗衣膠囊當成糖果 (外觀也有點

似)，自拍吞下洗衣劑的片段互相試膽，導致多人需要入院緊急洗胃。潔衣劑公司重金聘請球星勸喻年輕人「別再吃洗衣膠囊了！」可是適得其反，最後 Google 需要介入移除有關搜尋建議，阻截更多年輕人做效。

2022 年初北美突然出現大量青少年嚴重精神病求助個案，很多求助者以專業醫療詞彙說明自己患上極罕見的精神病，繪影繪聲徵狀病情一應俱全，經醫師詳細調查之下，這股精神病爆發潮源頭在哪？答抖音的讀者恭喜你答對了。（註 13）

如果社交平台的同儕影響力可以令年輕人爭相吞食洗衣劑、自以為患上精神病、由標緻少女變成面貌猙獰的覺醒怨女，為何不可能令她們誤以為自己有性別認同障礙？在社媒平台拍片展露自己切除胸部疤痕的少女大有人在，到底實際有多少人如此？現時的政治輿論壓力下，科研機構可不會隨便冒犯覺醒派之大不諱，斗膽作逆風的研究調查。

圖 4.16 抖音上的青少年精神病熱潮

覺醒派的好科學

> 性別認同障礙不是掛在嘴邊的「身份」，我腦袋認為自己是男，身體卻是女，每天就在這種認知矛盾中度過。化解矛盾只有變性手術。
>
> 每次見到推特上的覺青說「跨性別真美麗」我就光火。變性後你得到一點心靈平靜，終於能夠以男人身份生活了，僅此而已，然後一生都要藥物維持。性別認同障礙完全不美麗，這是精神病來的。
> **跨男 Mat Z, 47 歲**

跨性別人士的高自殺率 (41~48%) 經常被覺醒派用來作萬用皇牌：你質疑兒童變性手術？你是不是想推他們去死？你反對兒童使用青春期抑制藥？你想他們死嗎？

早在 2011 年《ABC》一篇報導標題已這樣寫：你想要一個死兒子還是一個活女兒？

圖 4.17 2020 年英國一名退變者 Keira Bell 入稟高等法院阻止對兒童使用青春期抑制劑

可是這些「堅實數據」背後，原來有調查將成人數據被當成小孩的調查，調查沒有展示受訪者是否同時患有其他精神病產生自殺傾向，更沒有說明他們嘗試自殺時是否已經自認為是跨性別，換言之無法建立一個可信的邏輯聯連。

英國兒童跨性別支援團體「美人魚」(Mermaid) 的 48% 自殺數據來自一份風險及韌力調查 (Risk and Resilience Explored, RaRE)，二千多份問卷中，只有 120 人是跨性別，當中只有 27 人是 26 歲以下，當中有 13 人表示曾嘗試自殺。調查並非隨機抽樣，回應者往往有相當困擾的人生經歷，而且也不知道他們的自殺念頭是變性前還是變性後，亦不知道他們的性取向 (同性或雙性戀跨兒自殺機率比異性戀高出一倍)，總括而言調查的代表性經不起推敲。

另一份由英國石牆平權組織 (Stonewall) 主導的調查亦有類似問題；包括抽樣不隨機，受訪者性別按主觀性別身份作答，無法對比原生性別參考，沒有受訪者的精神健康資料，也不知道他們的性取向等等。[註14]

覺醒派的性別認同主旋律是：每個年輕人都不應被出生時的「指定性別」(assigned sex at birth) 或者社會刻板觀念所局限，應自由探索自己真正性別身份認同。反正青春期抑制劑 (puberty blockers) 是隨時可逆兼無害，改變外觀姓名的社交變性 (social transition) 也是無害可逆的，試清楚了，成年後作正式的一刀切，以美麗新身份幸福快樂地活下去。右翼的守舊大人想阻止我們，這會導致年輕人出現各種嚴重情緒問題，甚至導致自殺。

2011 年瑞典卡羅琳學院以及哥德堡大學公開一份長達三十年 (1973-2003) 的研究顯示，變性手術似乎無法爲跨性別者帶來幸福生活，他們因心理問題入院的機會是對照組別的三倍，各種健康問題、犯罪率以及自殺機率也遠比對照組別高得多。(註15)

黛博拉博士以及麥克博士對於覺醒派跨性別論述的質疑是：跨性別者自殺率所以偏高，主因並非因爲缺乏性別重置醫療資源，相反是校園、社運份子、家長、朋友圈以及輿論吹捧下，令很多飽受嚴重精神問題困擾的人，以爲變性就是答案，而變性藥物及荷爾蒙對情緒有不小的影響，更可能令情況惡化。

覺醒派其中一個論述是：性別身份 (gender identity) 只是一個社會文化建構物，例如男孩子不喜歡粉紅色，女孩子討厭剷泥車玩具等等，這些是外界加諸的刻板印象，可以隨時改變。偏覺醒派光譜的專家甸娜·艾金詩博士 (Dr. Deanna Adkins) 在聽證陳詞時表示考慮進行變性手術時，以對方性別身份爲依歸是最佳基準，甚至認爲性別認同障礙只是「一種普通成長變化」(a normal development variation)。(註16)

覺醒派則堅持跨性別是先天已決定無法扭轉，後天任何介入都會傷害事主，違反醫德倫常。如果這幾個主張併在一起就會互相矛盾，到底跨性別是一種無法逆轉的先天狀態，還是可如衣服般隨時轉換的「社會建構」呢？

黛博拉博士直斥這些是文宣並非科學，她提出一個比較合理的說法：生理性別和性取向是先天決定，但怎樣表達出來卻會受社會影響。例如十四世紀襪褲是男性服飾，今天則是女性服裝，兒童

會按照社會對男或女性的集體印象，選擇符合他性別取向的言行舉止。可惜今天的家長受覺醒論述影響，太刻意把兒童的成長環境變得「性別中立」，避免干擾孩子的性別成長路向。黛博拉博士指出，這種做法正正令孩子失去有參考價值的性別模範，反而窒礙了他們未來發展。(註17)

覺醒論述將「個人感受」放大得無比重要，在性別議題上亦然：一個認為自己有性別認同障礙的 5 歲小孩，他的感覺遠比專家判斷更有份量。以極簡化的說法，孩子表示自己覺得像個女孩時，專家該做的就是順應要求，按着上述的「社交變性 → 青春期抑制 → 服用荷爾蒙及前期手術 → 下身重塑」這個路線圖成就對方的變性歷程，不然就會令兒童陷入嚴重困擾繼而自殘。

麥克博士對這種方針相當質疑，性別認同障礙歸根究底是一種認知問題，亦即客觀現實跟心理認知有落差。適當的處理方向應該協助事主調整認知，而不是附和事主去扭曲現實。比方說有厭食症的人說自己太胖，作為醫生不應立即進行抽脂。有身體完整性認知障礙的病人，會認為身上某些肢體不屬於自己必須切除，醫生也不能有求必應。(註18)

性別認同障礙性質相近，多項研究數據指出，約六至九成小童會出現「減褪效應」(desistance effect)，大部份的小孩長大後不會再認為自己是另一個性別，甚至完全忘記有過這一段時間。有些會接納自己身心落差，變性手術應留給經歷了減褪期仍然有強烈意欲重置性別的患者。數據同時顯示，沒有經歷過社交性別重置 (social transition) 的性別認同障礙患者，長大後會變成同性戀或雙性戀者。(註19)

圖 4.18 跨男 Buck Angel 以及跨女 Blaire White 均反對對未成年人士使用青春期抑制劑或進行任何變性手術

兒童變性藥：安全可控，可逆無害

覺醒派強調安全無害，可控可逆的青春期抑制劑 (puberty blockers) 應盡早配送給任何 8-10 歲有性別認同障礙的小童。社運份子的理由是：

跨性別者經歷「錯」的青春期很痛苦，應該盡量令他們避免這些痛苦，更順利地過渡到新性別。有跨性別者表示，沒有抑制劑他們承受很大的精神痛苦，抑制劑也是內分泌學會 (Endocrine Society) 指引的建議療程藥物之一。

可是食品及藥物管理局 (FDA) 並無正式認可青春期抑制劑作處理性別認同療法的藥物，現時診所處方只屬「非官方用途」(off-label use)。

兒科醫生朱莉亞 · 美臣 (Dr. Julia Mason) 訪問中表示其中一種主流的青春期抑制劑亮丙瑞林 (Lupron)，已不建議對兒童使用，因爲延緩青春期會引起骨質密度不足、腦霧以及多種身心發展問題，包括相當有性別認同障礙徵狀的男童，經歷正常青春期後會發現自己真正性取向是同性戀，而不是跨性別，可是使用抑制劑會干擾這種正常發展，令男童成長後也難以肯定自己的性取向。[註20]

跨性別網紅 Blaire White 以及 Buck Angel 均表示亮丙瑞林的副作用不可輕視，因爲這是用來化學閹割戀童性罪犯的藥物，使用後會導致不育，青少年及幼童未必清楚明白不育對他們人生的真正影響，後悔時已太遲。[註21]

獨立記者 Jamie Reed 在一篇美國性別診所內幕報導中，指出男童青春期抑制劑比卡魯胺 (Bicalutamide)，一種治療轉移性前列腺癌的藥物，會引發男性長出女性般的胸部，此藥有着不少嚴重副作用，報導中一名男童就出現急性肝中毒必須轉送急症室搶救。而這些藥物對兒童有何影響，暫時並無可靠醫學報告作準。[註22]

覺醒派社運文宣經常指青春期即使暫停了，停止用藥就會正常發生。可是黛博拉博士、美臣醫生、麥克博士等專家紛紛表示青春期是人體在身心上重大轉變的特定時期，不應胡亂干涉。

過往有些受虐待或極度疏忽照顧的野孩子 (feral child) 被社工救出後，由於出生後缺乏教育及互動交流，這些孩子腦袋的語言區錯過發展期，無法溝通說話，即使經長時間復健教育，也無法重拾完整語言能力，部份被動物養大的孩子甚至永遠無法說話。這說明腦部發展有一些特定時期，錯過了就很難挽回。到底刻意抑制青春期發展是否真的全無後果？現在其實只有文宣沒有實證。

支持性別重置的專業指引也有爭議之處，例如內分泌學會就跨性別的醫療指引，被揭發缺乏實質科學證據支持，甚至官方自己也承認這些些建議的質素屬「低至很低」。2020 年英國國家健康暨社會照顧卓越研究院 (NiCE) 就青春期抑制劑對服用者的生活質素調查，發現對患者的正面影響證據也相當薄弱。[註23]

質疑荷爾蒙療法的醫學專家更被排斥不予參加兒科內分泌指引討論，Dr Paul Hruz 的供詞指大會只容許支持療法的專家參與研討，及後就兒童性別認同障礙療法的理性討論都同樣遭到拒絕。[註24]

2020 年芬蘭政府指未有足份醫學證據證明有關療效之前，醫護人士不宜對患有精神問題的未成年人士採用土抑制劑及荷爾蒙療法。瑞典於 2022 年亦決定暫停對未成年人士使用荷爾蒙及抑制劑療程，極端病例除外。2020 英國一名後悔變性的退變人士 Keira Bell 入稟高等法院控告性別重置診所程序粗疏，沒有充份評估她的心理狀況就安排相關手術。高院裁定醫護人員不得對未成年人士使用青春期抑制劑及變性療程，惟 2021 年被上訴推翻。[註25]

覺醒社運份子強調退變者只是極少數極少數的特例，而跨性別社群只容許一種退變者，就是遭受社會和家人逼害，又或經濟理由無法繼續，只好中途離場。例如 KC Miller 這類公開後悔變性經歷的人，覺醒陣營不單沒有包容大愛，輕則責怪他愚笨咎由自取，重則視之為假冒戲子，是右翼派來打擊跨性別社群的臥底，繼而全力追擊。

覺醒派的跨性別論述最終會否「站在歷史正確一方」？筆者衷心希望他們正確，否則可見將來社會就面對新一浪退變性人潮，這些人被裝扮成科學的社運文宣瞞騙，整個教育及醫療體系都在聯手誘使他們作出無可改變的性轉手術，誤以為這就可以解決他們人生所有問題，結果畢生只能帶着後悔承擔後果。

參考資料：

（註 8）
https://www.jkrowling.com/opinions/j-k-rowling-writes-about-herreasons-for-speaking-out-on-sex-and-gender-issues/

（註 9）
https://www.youtube.com/watch?v=MfaLQEW7xdY

（註 10）
https://www.youtube.com/watch?v=HGlLYHC5-AM

（註 11）
Debra Soh, The End of Gender: Debunking the Myths about Sex and Identity in Our Society, pg 166

（註 12）
https://statsforgender.org/between-2007-and-2017-the-number-oftransgender-youth-clinics-in-the-us-went-from-1-to-41/

https://segm.org/ease_of_obtaining_hormones_surgeries_GD_US

（註 13）
https://www.youtube.com/watch?v=EkQsWMvLsCA

（註 14）
https://www.transgendertrend.com/the-suicide-myth/

Ryan T. Anderson, When Harry Became Sally: Responding to the Transgender Moment, p103

Dhejne et al. "Long term follow-up of transexual persons undergoing sex reassignment surgery, e16885

https://www.researchgate.net/publication/50250857_Long-Term_Follow-Up_of_Transsexual_Persons_Undergoing_Sex_Reassignment_Surgery_Cohort_Study_in_Sweden

（註 16）
Ryan T. Anderson, When Harry Became Sally: Responding to the Transgender Moment, p29

（註 17）
Debra Soh, The End of Gender: Debunking the Myths about Sex and Identity in Our Society, pg 248

（註 18）
Ryan T. Anderson, When Harry Became Sally: Responding to the Transgender Moment, p96

（註 19）
https://statsforgender.org/desistance/

（註 20）
https://www.youtube.com/watch?v=KUjqO-u7X6c

（註 21）
https://www.youtube.com/watch?v=f8GtmWxKbO8

（註 22）
https://www.thefp.com/p/i-thought-i-was-saving-transkids?utm_
source=substack&publication_id=260347&post_id=101682797&utm_
medium=email&utm_content=share&action=share&triggerShare=true&isFree
mail=false

（註 23）
https://web.archive.org/web/20210422130502/https://arms.nice.org.uk/
resources/hub/1070905/attachment

https://en.wikipedia.org/wiki/Puberty_blocker

（註 24）
Ryan T. Anderson, When Harry Became Sally: Responding to the Transgender
Moment, p113

（註 25）
https://bioedge.org/uncategorized/policy-shift-in-finland-for-gender-
dysphoria-treatment/

https://www.france24.com/en/live-news/20230208-sweden-putsbrakes-on-
treatments-for-trans-minors

https://www.youtube.com/watch?v=0SZtJkMrwy8

你有弱勢朋友誰在乎？你是人渣！

圖 4.19 多曼：「我不需要你明白我，我只需要你相信我正在經歷的人生。」

笑匠戴夫・查普爾早年因爲在表演中講了關於跨性別人士的笑話，被跨性別社運界群起追擊，他在網飛的特備棟篤秀《The Closer》更遭受網飛內部的覺醒員工集體抗議，指這是對 LGBTQ 界弱勢人士的傷害，網飛必須立刻將之下架。

罕有地網飛面臨內外夾擊下沒有向覺醒輿論力量屈服，堅持保留查普爾的節目，更發出內部指引強調「工作上你會遇上不認同的內容，無法接受請另謀高就」。

面臨「恐跨」、「傷害跨兒」的指控下，查普爾在節目中特別提及他一位多年交情的跨女粉絲達芙妮・多曼 (Daphne Dorman)，過去查普爾在其他演出中，大講政治不正確的跨性別人士笑話時，多曼不但全無慍怒甚至擊節讚賞。原來她剛開始轉營成爲笑匠，查普爾正是她的偶像，查知道後也盡量安排機會讓她演出。

跨性別社運圈對查普爾作出排山倒海的指控和攻擊，多曼冒着得罪自己族群的風險，挺身維護指查普爾。查普爾在《The Closer》演出中對此相當感恩，突然他語調一沉，表示多曼被覺醒派網民圍攻下終於禁受不住，數天後自殺。

覺醒派的攻勢沒有就此打住，例如有人翻查多曼的帳號指當年根本只得寥寥數個留言，被人圍攻是查普爾誇大甚至捏造之說。當然這說法也有漏洞，因為攻擊多曼的言論不一定要在她本人帳號留言。有人指多曼長期有抑鬱症，自殺跟查普爾的爭議無關。也有人說多曼家人挺查普爾其實是言不由衷或被有心曲解，又有說法表示多曼當時在找機會入行，自然願意百般奉迎大師笑匠查普爾，他們的友誼並不如外界描繪般純粹。

可是這些都屬於誅心推測無法查考，反而覺醒派有一個論點頗值得討論：你有一個跨性別人士朋友，就代表你不是恐跨，不是在攻擊跨群嗎？才沒那麼便宜。你有一位跨兒朋友，可是你的笑話在傷害千千萬萬跨群人的身心安危。

「我有一個 ____ 朋友（填上任何弱勢群體）」確是不少人自辯的第一道擋箭牌，要否定這位朋友的意見也很容易：他只代表自己，他因為某些好處才迎合你，甚至他已被洗腦誤入魔道……近年各光譜極端對立，社運變得去中心化，彼此都在妖魔化對手，將之描述成為腦殘奸邪之徒。這些指控並非全無道理，因為最極端乖戾的激進份子，往往成為代表整個陣營的公眾臉孔。為甚麼一提起環保社運就想起向名畫潑湯把手黏地的中二病屁孩？花數年清潔海灣的志願義工大有人在。為何進步左翼印象就是彩虹頭、脫奶罩露體尖叫的瘋狂女權份子？提到跨性別社運人士，立刻可聯

想到各種近乎荒謬的杯葛（例如有人將哈利波特作者名字抹走再賣到二手書市）、公開反對者地址及家人私隱作恐嚇、一言不合支持以暴力毆打對方甚至鼓勵行刺等等，多數不理解跨性別界的人，從零碎新聞中整理出來的跨性別社運印象，就是這麼一群凶殘又瘋狂的團體。

新時代沒有像馬丁路道金或甘地這種權威領袖，呼籲支持者跟極端派保持距離來確保運動大致理性和平。一般人對社運界印象就唯有靠小型意見領袖逐少逐少的修正。Youtube 較理性的左翼頻道主如跨男 Jammidodger 以及黑人跨女 Kat Blaque 會較耐心陳述理據甚至研究資料。右翼有老爸 Buck Angel 或特朗普支持者跨女 Blaire White 等。

尤其後兩位「跨界黑羊」相當寶貴，因為他們會冒着犯諱風險批評自己社群，也較易代入普通人視覺討論事情。

可是這些頻道主粉絲再多，接觸面依然有限。能夠影響大眾印象還有誰？就是「我有一位 ＿＿＿ 朋友」。

現在覺醒派上下很樂意封殺異見名人如查普爾或羅琳等人，姑且說仇恨言論對公眾有害好了，可是連經過同行評審 (peer review) 的科研文章也要打壓剷除，這樣完全違背了社會言論自由基礎。社運份子很喜歡說「保護弱勢！去你的言論自由」，可是別忘記歷史上保守宗教勢力也曾經高舉守護家庭之名，封殺所有同志的聲音。當時名人只要跟同性戀扯上半點關係，就得賠上名聲事業無法翻身，現在情況沒有改變，只是壓逼者和被害者有點對調而已。

「我講過愛滋病、饑荒、癌病、猶太人大屠殺、強姦以及戀童者的笑話，可是有人警告我，身份政治、跨性別的笑話可不能說，因為嘛，跨性別者只想被平等對待……我當然同意！所以也一併講他們的笑話。」

笑匠域奇·佐華斯

五．覺醒新宗教

- Damn.
- In a weird way, I had ta 'sorta

圖 5.1 羅拔唐尼被覺醒派輿論追擊的黑臉 (blackface) 演出

2022 年香港無線電視劇集有女藝人把臉塗成棕色去飾演菲律賓工人，菲律賓駐港領事震怒，英語媒體引起軒然大波。皆因把臉塗黑在美國是大禁忌，過往不少藝人記者政客因為開這個玩笑而丟失工作。

2018 年《NBC》主播梅根・凱利 (Megyn Kelly) 提及她年幼時，白人在萬聖節打扮成黑人並沒有問題，可是今天變成禁忌會受公審。她的言論被指是歧視黑人，結果要頻頻道歉。同年華盛頓郵報員工派對中，有一女職員把臉塗黑去諷刺凱利的言論，結果她馬上被解僱，沒有任何機會辯解或改過。(註1)

國際影星羅拔唐尼在 2008 年《電霆喪星》中飾演一個把臉塗黑，努力裝黑人的白人演員，觀眾風評讚好。2023 年被輿論翻舊帳清算電影中的黑臉演出，暫時製片單位態度堅決，拒為藝術創作道歉。

回到香港無線電視的鬧劇，涉事女藝員很快向英語世界道歉，然而英語傳媒驚訝香港人對種族歧視這麼大的事居然不怎麼放在心上，難道香港人都是滿心歧視的種族主義者嗎？推特的英語輿論很快咬定香港人都是 racists，然後各路西方人馬上將自己旅遊香港的經驗，印證香港人充滿歧視又不友善，舉手投足每個眼神都充滿敵意。

到底香港人是否真的充斥種族主義者？推特上有若干旅居香港多年的外籍人士出來說明：其實香港人對種族不敏感，主要因為生活上跟其他種族相處的經驗很有限，尚未有很強烈的種族意識，遑論系統性的種族歧視。香港人有的是階級歧視。同樣是菲律賓人，如果衣冠楚楚在四季酒店出入，他會受到很好的待遇，相反在窮區的話體驗可能會相當不好。

這是否歧視？是的，但跟膚色沒有必然關係，有些香港人或會視深膚色人種地位較低，可是這種印象會受到事主的口音、衣著以及身處的地區而變得不一致。香港人有沒有種族主義者？肯定有但不會是多數，把香港看成種族主義者之城的網民，很可能只是用了北美扭曲了的視角。

在美國種族歧視可是生死攸關的大事：黑人被警察截停搜查的比例甚高，而且很易升級引發口頭侮辱甚至毆打拘留。黑人駕駛者被警察截停搜查的機率不合比例地高，然而入夜後機率又會回落，變得跟其他人相若。有分析指這是因為入夜後警員較難看清楚駕駛者膚色的緣故，換言之，美國執法者的確在針對黑種人執法。

統計數字顯示黑人受到警方致命槍擊的比例也高於其他族群（每百萬平均 5.9 人死，比西班牙裔 2.6 和白人 2.3 加起來還要多）[註2]

2020 年 5 月喬治·弗洛伊德 (George Floyd) 被警員跪頸十四分鐘導致失救死亡，觸動美國人神經，引發新一輪大規模黑命貴 (Black Lives Matter, BLM) 運動抗議，示威由最初和平行動變成全國搶掠及暴動，甚至發生警民駁火衝突。

被人強姦怎麼辦？尚氣教你可以找社工

民主共和兩黨罕有地一致支持改革警隊，嚴懲元凶。示威者喊出「解散警隊」(defund the police) 的口號，各界響應者眾，電影《尚氣》主角演員劉思慕甚至在推特上表示「取消警隊，改為增派懂得為情況降溫的專業人士如社工、計劃生育專員、治療師等等」。可是此話一出，馬上遭受網民反嗆如「真是男性特權視角，我被強姦不報警找誰？計劃生育專員嗎？」[註3]

劉思慕被網民駁得體無完膚，但主流輿論在「解散警隊」聲音仍然相當強勁，加上當時總統特朗普在推特發撐警帖文強調「法律與治安」更是火上加油。全國公共廣播電台 (National Public Radio, NPR) 甚至訪問極端左翼作者，談論其著作《為搶掠辯護》(In Defense of Looting)。

全城義憤下，只要打着黑命貴旗號，連殺人搶掠都變得合乎公義。黑人語言學家約翰·麥克沃特教授 (John McWhorter) 對反歧視運動作出逆風評論：大家只懂喊「支持黑命貴」「解散警隊」，真正弱勢黑人的意願你們有在聽嗎？

麥克沃特本身是民主黨支持者，政治光譜亦以中間偏左自居，批評黑人平權運動時甚至刻意跟右翼保守派保持距離。他在著作《覺

Simu Liu (刘思慕) ✔
@SimuLiu

"WhAt WiLl We RePlAcE ThE pOLiCe WiTh?!?!"

Social Workers. Crisis staff trained in de-escalation.
Womens' shelters. Counsellors. Planned Parenthood.
Therapists. Safe injection sites. Rehab. Community
outreach. Night classes. Affordable health care.

#ImagineSomethingDifferent

圖 5.2《尚氣》主角劉思慕建議由社工及輔導員取代警察

醒種族主義》(Woke Racism) 一書中指出，原來低收入地區的黑人社區並不支持解散警隊，甚至希望增派警員，只是同時也認為警隊必須有所改革避免殺傷無辜。低收入地區罪案率高企，警隊是貧窮黑人最後防線。當然這些不合主旋律的弱勢社群聲音很快被忽略踢開在一旁。為甚麼喊着口號支持黑人的群眾會如此堅持己見，忽略真正黑人社群聲音也在所不惜呢？麥克沃特解釋，這是美國社會進步光譜一種集體「忠字舞」，大家爭相咬牙切齒聲援：「Yo兄弟，你的困苦我懂，我們來支持你了，支持黑命貴！解散警隊！」

他狠評種族平權運動已經變質，不單止跟解決黑人實質生活處境脫離了關係，簡直形成一種宗教盲流。這種爭着表態的「忠字舞文化」源自何處？麥克沃特矛盾頭指覺醒派的「聖經」，羅賓・迪安傑洛 (Robin DiAngelo) 所著的《白種脆弱：為何白人很難談論種族主義》。

《白》一書將美國的種族歧視形容為深入骨髓血脈，已經變成體制一部份，所有體制內的人世世代代都是共犯。而且否認自己是種

族主義者的人，不論任何理由，都是一種脆弱的白人種族主義者表現。即使白人希望解決歧視問題，或者試圖推動不分膚色的社會 (color-blind society)，也被視為逃避或掩飾的「解決主義」(solutionism)。總之一草一木也是種族問題，白人必須時刻反思懺悔，除了道歉甚麼都不要說，做甚麼也改變不了自己是種族主義者的現實。

《白種脆弱》2018 年出版後旋即登上《紐約時報》暢銷榜一年有多，左翼固然對《白》甘之如飴，不少教育機構以及大小企業都將之視為指定教材，迪安傑洛本人化身為覺醒圈子的大賢者，而白種脆弱一詞亦被收錄於牛津字典中。

麥克沃特直指《白》是「反對種族主義的種族主義」，理由是全書將黑人一律當成需要特別照顧的超級脆弱敏感群體，全無抗逆力或自主意志。這種思維不把黑人當成完整成熟的人類看待，技術上《白》其實都在散播種族主義。[註4]

批判性種族理論：覺醒派的原教典

圖 5.3 大學課外文藝活動：對白種原生男人厭倦了嗎？一起創作點甚麼吧！

白人脆弱論師承 1980 年代的「批判性種族理論」(Critical Race Theory, CRT)，大約十多年前由象牙塔理論變成社會主流論述，近年更走入校園成爲中小學課程，可是隨着左右文化角力加劇，某些保守州份已開始立法禁止教授 CRT 以及覺醒性教育。

批判性種族理論不單啟蒙了《白種脆弱》一書，甚至可以說整個覺醒運動的核心主張，其他覺醒範疇如性別社運也可以在這套理論中找到根源。

批判性種族理論指生理種族並不存在，純粹是一種社會建構出來的概念，讓白人用來壓逼黑人及其他有色人種（還記得前面提及覺醒性教育主張生理性別不存在，只是社會建構的概念嗎？），種族壓逼是美國永續體制問題，永遠無法修正，任何立法或平權行動只會延續白人的特權利益，甚至可能會鞏固了種族間的階級差距。

每人有不同的身份特徵，所承受的壓逼都有分別，當這些身份架疊起來時承受的壓逼會倍增。例如女人和黑人在社會上都是受逼害的弱勢群體，而黑種女人所受逼害遠較前二者大，黑人女同性戀者苦難又大幾倍如此類推，這是為多元交叉身份理論 (Intersectionality)，或簡稱「交叉論」，覺醒派眼中逼害愈大愈正義。

「立足點理論」(standpoint theory) 也在整套論述中佔一席位，立足點理論是受壓逼的弱勢群體，根據他們的日常生活經歷 (lived experience)，可以作出比其他人更有價值的洞見。這一點也被覺醒派社運份子引用在支持兒童變性手術上：一個宣稱自己有性別認同障礙的八歲小童（弱勢受壓逼群體），他的生活經歷自動比醫學專家的意見有更高參考價值。

受害人身份是無法改變的：膚色不能改，性別可轉但身份永遠是弱勢的「跨性別者」，所以他們受到的逼害也同樣是永遠無法改變。《新聞週刊》社論版副編輯巴堤亞・安格爾 - 薩爾貢 (Batya Ungar-Sargon) 批評覺醒派的交叉身份理論在事實前站不住腳。

薩爾貢在她的書中提到這個案例：

> 2020 年《季刊經濟學》報告，黑人男性的收入遠低於背景相似的白人男性，而黑人女性的收入略高於背景相似的白人

女性。黑人女性上大學的可能性也比白人男性高。密西根州立大學的一項研究調查了非洲女性移民的收入，她們既是女性，又是黑人移民，按照交集性的身份標籤，她們應該非常貧困，但在收入方面並沒有受到種族劣勢的影響。非洲移民的收入增長速度超過了出生在美國的男性和女性……白人男性的處境往往比有色女性更差，跟交叉理論的預測恰恰相反。最近的人口普查數據顯示，伊朗、土耳其和亞洲裔美國女性的收入都高於白人男性。〔註5〕

覺醒派雖然宣稱爭取平權多元，其實從來不相信社會可以進步或者達到真正平等。批判性種族理論或交叉理論只有壓逼者和被壓逼者兩個選項，要麼壓逼人，要麼被壓逼，這種思維也呼應着校園玻璃心世代的「善良的我們」vs「邪惡的他們」二元黑白價值觀。

薩爾貢、麥克沃特以及眾多反對者最大的批評是：覺醒份子高舉的交叉性種族理論，其實是按着人們的天先特徵將他們分類，這些分類先天無法選擇，後天無法改變，而且代表了那人身份的全部。這正正是白人至上種族主義的壓逼手段；將人按着膚色或性別等特徵，化成沒有其他身份或獨立意志的「物件」。過往數十年的平權運動，正是企圖打破以膚色性別等外在條件將一個人定形，現在覺醒份子在走回頭路。

今天最活躍的年輕覺醒派，大部份是戰後嬰兒潮世代的子女，他們接受大專學府的覺醒文宣教育後耳濡目染，變成今天的彩虹頭鼻環紋身覺醒社運鬥士。然而薩爾貢和麥克沃特都分別指出其實覺醒派人口遠遠不限於社運份子，更多可能是鄰家的中產夫婦，平日溫文爾雅衣冠楚楚，可是遇上「有問題」的人或事，他們會毫不猶豫致電報館爆料熱線，務求令對方失去工作積蓄永不超生。為何這些人會如此表裏不一？麥克沃特有一套「神選之民」理論去解釋。

覺醒教教徒：神選之民

圖 5.4 逆向種族歧視：一教會要求信徒吻黑人鞋，右邊的黑人頻道主甚爲反感

覺醒派很多主張都自相矛盾，經不起稍爲嚴格的推敲。例如一方面說性別身份是出世已經固定不可移，另一方面又會說性別是個流動可變的虛妄社會建構物。兒童變性是經科學證明唯一處理性別認同障礙的方法，其他不符合這個方向的科學論據都是「假資訊」，不可以討論否則就違反科學精神，忘記了科學精神就是不斷質疑和驗證。

覺醒派支持大家理解黑人文化甚至融入，但同時又會視黑人以外的人蓄雷鬼頭或用黑人口吻說話是文化挪用在傷害黑人。如果白人從黑人社區中大舉搬走，那是白人逃亡 (white flight) 丟下黑人自生自滅，可是如果白人搬入黑人社區，就是企圖將黑人社群士紳化 (gentrification)。如果白人只跟白人約會，他是種族主義者。白人約會黑人就是將該名黑人改造異化等等。

矛盾再多，覺醒派信念仍然堅定，爭先恐後地支持覺醒運動一切主張，甚至有種非友即敵的思維。他們的理由是：種族以及性別

壓逼已經深入美國的所有體制，弱勢者踏入美國國土每分每秒都已經被這套系統所傷害，有如踏入核廢料區被輻射照到一樣，如果你不以最大氣力去支持他們，你就是任由他們受傷，甚至加深他們的痛苦。

如果用宗教框架去理解覺醒派的言行主張，會出現驚人的吻合度。覺醒派有神嗎？沒有，麥克沃特在《覺醒種族歧視》中說明宗教並不一定需要一個神明，可是必然需要魔鬼，魔鬼是誰？就是各位不夠覺醒的共犯了。誰對抗魔鬼？當然是已經覺醒的進步份子，麥克沃特稱他們爲「神選之民」(The Elect)，下稱「神民」。

覺醒神民相信原罪論：美國世世代代、每寸土地都存在着歧視和壓逼，大家都是共犯，原罪不可逆也不能靠個人意志化解，只能時刻懺悔認罪。神民極之熱衷獵巫，麥克沃特不無幽默地指，如果覺醒派指控一個人或事是「有問題」(problematic)，將「有問題」換上「女巫」(witch) 或「巫術」(witchcraft) 就解得通了，思維都是相同的。

跟多數宗教一樣，覺醒神民也很熱衷宣揚福音教義，不單止要跟周圍的親朋戚友公告自己皈依了覺醒大法，而且要盡可能將覺醒福音帶到工作場所及任何想像得到的地方，也許這可解釋到爲何迪士尼以及荷里活電影充斥大量硬塞進去的覺醒文宣理念。

覺醒教的神民注重儀式，例如單膝跪下紀念弗洛伊德慘案、白人在職場、公開場合或社交媒體上有如唸禱文般宣告自己是種族主義者以及有白人特權、特意爲黑人洗腳和吻鞋、強逼學童向彩虹旗宣誓效忠等等⋯⋯覺醒教派同樣依循多數宗教的神話公式，有

一個光輝的過去（未有白人殖民者前的非洲大陸），烏托邦式的未來（消除歧視和壓逼後的偉大美國）以及不堪入目的現在。而且，如果無法消除種族歧視的話（將所有種族主義者皈依或物理消除），世界就會淪陷萬劫不復。

覺醒教派另一個特性是寄生在傳統宗教上逐漸將之取代。美國不少教會已經開始有牧者在唸禱文之前為自己的白人特權懺悔，又或者向上帝承認自己是個種族主義者，又或者牧師本人都是變裝皇后，說耶穌用「母雞」形容自己就是性別流動的表現等等⋯⋯而這種「寄生 - 取代」的模式並不限於教會，傳統學校教育及專業團體亦逐漸舊瓶換新酒，開始在物理、數學、生物、法律等學科上加入多元反歧視及性別交叉理論的教義。(註6)

圖 5.5 被覺醒同化的教會，將覺醒文宣跟聖經結合，宣揚易服變裝就是聖潔

為何覺醒教在美國迅速蔓延？

英語有這麼一句：「若果牠叫起來像鴨子，走路像鴨子，游泳時像鴨子，那應該確實是鴨子。」

如果覺醒派的理念和行徑跟傳統宗教信徒有如此多相近之處，也可以合理推論他們其實就是一種新的宗教。可是覺醒神民並不認為自己相信的是宗教，麥克沃特同樣類比最早期的基督徒並不以教徒自居，只認為自己是「帶着真相的人」。

覺醒教在民主派光譜中迅速傳播，其中一個原因是民主黨支持者通常沒有宗教信仰，甚至視宗教為落後保守的東西。可是他們日常生活仍然有着只有宗教才能填補的精神空虛，覺醒理念相當能夠滿足這方面的需求。

薩爾貢以記者的宏觀視覺，留意到過往數十年間美國貧富階層其實有着愈來愈大的階級鴻溝，站在社會上流階層的多屬白人民主派左翼；資本社會的崇優制度無法完全解釋他們的成功，因為再聰明博學的人，能夠成功多少帶點運氣。這種幸運者愧疚感驅使他們關心運氣沒那麼好，活在社會下游的弱勢社群，覺醒浪潮的出現，令這些白人左翼（白左）一次滿足好幾個方面的需求。覺醒派原罪論表明黑人和弱勢社群無法上游，是結構性逼害的錯而且是不可逆的，白左無力也毋須做甚麼事情，只要不斷公開告解就可以，而且這些告解會令他們在同儕中獲得讚許。

交叉理論同樣滿足了白左的優越感和罪疚感，黑人這麼慘，因為他生為黑人。同性戀者被壓逼，因為他們出生時性別認同跟我不同。他們的慘況跟我無關也不是我所能改變的，但是我為他們發聲伸張正義，則代表我是一個善良優秀的人，比起那些保守右派好多了。

換言之，將貧富問題偷換概念變成種族歧視和性別逼害議題，就不必去思考在何處設立廉價房屋、混合教學這些難題（更不必擔心

自己的子女要跟窮區的黑人同校）。覺醒神民可以將心力放在盡可能地宣揚覺醒福音，爲弱勢擺出種種支援的姿態或行爲藝術，以及鬥倒反進步的右翼牛鬼蛇神。借用基督教的說法，覺醒派其實是新時代的法利賽人。

白人左翼，現代的法利賽人

《紐約時報》評論頻道兩位主持賓雅·阿普爾鮑姆 (Binya Appelbaum) 和約翰尼·哈里斯 (Johnny Harris)，曾經嘗試探討在沒有共和黨阻撓的深藍州份，完全執握行政權力的民主黨會如何實踐他們的進步左翼理念呢？

結果發現 18 個深藍州份在房屋、稅制以及教育方面全部表現都差強人意。興建廉價居屋人人讚好支持，自由左派一直強調缺乏廉價房屋會構成跨世代貧窮，導致更多歧視與犯罪問題。

可是在加州誰也不願見到家居附近出現高密度樓房，不少居民數十年前低價購入房產，他們一直透過土地分區條例 (zoning)，將城中大片土地限制爲低密度單一家庭住宅，令樓價暴升成爲超級富豪住宅，同時限制低收入家庭無法踏足。甚至政府曾經嘗試興建一個中等密度長者廉價居屋，也被居民（絕大多數是自由左翼及民主黨支持者）聯手投票阻止，將計劃叫停推倒，維持原本的極低密度規劃，分區規劃法近年才被立法禁止。

民主黨主要政綱之一是「加徵富人稅」(tax the rich)，然而深藍的華盛頓州是全美國稅制最落後的州份，最窮的兩成人口須繳交 17.8% 的收入作稅款，然而最富有 1% 超級富豪只須繳交 3% 收入作稅款，兩位主持表示這比起最保守的德薩斯州還要落後。

普及優質教育也是民主黨重點政綱，甚至揚言要平等地向所有學童提供一流教育。可是以伊利諾州當中一個叫庫克縣的富戶區，常理來說是縣內所有人家，按民主黨的進步徵稅原則納稅，然後將稅金平均分撥給各公立學校作經費。

兩位主持總結雖然藍州通常都有較好的公共服務，上流機會較多，可是同時藍州也是貧富懸殊的重災區：大量無家者被逼長期露宿，富校愈富窮校愈窮。雖然爭取反歧視和種族平權，可是一些深藍區如紐約有着全國種族隔離最嚴重的教育系統。[註7]

富人在遊行支持社運時義不容辭，口號倒背如流，但是濟弱扶傾請不要在我家門前發生。總之，所有問題都是因爲共和黨保守派的阻攔我們行善。

指控白人左翼一毛不拔也不符事實。覺醒民眾或許未必願意跟窮人孩子共享學區，可是捐助一些具象徵意義的慈善團體時卻不遺餘力。例如 2020 年黑命貴組織的民間籌款合計有 9 千萬美元。黑命貴募集的捐款之多，已經由尋常民間團體搖身一變成爲舉足輕重的慈善勢力。[註8]

黑命貴坐擁豐厚資源後旋卽着手改善黑人生活，只是受惠人數不如外界預期，僅限發起人家族及好友：2022 年稅務報告發現黑命貴挪用 600 萬捐款購買豪宅[註9]，事件曝光初期主席派翠西·庫爾洛斯表示從未使用作私人用途，解釋這是讓黑人藝術家感到安全的共用場所，可是後來又一改口風，承認有舉辦兒子的生日派對以及私人慶祝，她據稱受到死亡恐嚇時也曾短住以避險。[註10]

黑命貴呈交的稅務報告中，亦有提及各種顧問費以及撥款，例如主席庫爾洛斯曾經爲她的家人提供八十多萬美元的「保安顧問費」[註11]，庫爾洛斯租用私人飛機、購買物業、投資以及向家人提供各種名目的「顧問費」被公開後社會嘩然，媒體更挖出她擔任黑命貴主席時購入多棟豪宅，令黑命貴 BLM 一詞被坊間戲稱爲 Buy Large Mansions（買貴宅），雖然未有證據顯示資金出自組織捐款[註12]，主席一家人以民脂自肥之說不脛而走，網絡多有留言指這些錢大可以用在扶助貧窮黑人社區之用，再多解釋只是掩飾。庫爾洛斯素以馬克斯主義者自居，如此腰纏萬貫實在難以說得過去，終於她不堪輿論壓力於 2021 年退下黑命貴主席職位。

圖 5.6 黑命貴募得鉅款後傳出爆買豪宅醜聞

參考案例：覺醒種族新文學

2015 年費城一間中學將馬克‧吐溫的作品《頑童歷險記》下架，理由是這本書帶有嚴重種族歧視色彩，尤其內容涉及使用「黑鬼」(nigger) 這個禁忌字眼達二百多次，教職員表示有學生閱讀後感到受冒犯。[註13]

覺醒文化戰另一個犧牲者是筆名「蘇斯博士」(Dr. Seuss) 的兒童書

作者，他六十多本作品當中有部份被指含有種族刻板定型以及歧視內容，2021年出版商決定停止發行六本涉及歧視爭議的作品。(註14)

2021年1月一群覺醒派老師向《SLJ》表示（按：Library Journal，一份服務圖書館理員以及研究人員的刊物），他們打算放棄哈姆雷特、馬克白以及羅密歐與茱麗葉等傳統教材，改為採用更多元以及更包容的內容教授學生。有莎學學者表示，莎士比亞作品一向是英帝國用來歸化黑人及其他少數族裔的壓逼工具。密芝根中學的英語系主任表示，莎翁代表普世價值這種白人至上思維需要重新反思，亦有教師表示刻意避開莎劇中的白種異性戀原生男性內容。

另外有部份仍然保留莎劇的教師則表示「將會以更符合現代價值的角度」去分析及教授相關內容，例如講解羅密歐與茱麗葉時會順帶提及當中的有毒男子氣慨。有老師表示雖然莎翁語文造詣深不見底，可是內容充滿過時又有問題的思想如恐同、仇（黑）女、種族主義、反猶以及階級主義等等。(註15)

2021年，多位數學及語文教育工作者共同研發的「平等數學」(Equitable Math) 輔助教案，旨在「打破數學教育中的白人至上主義」、「瓦解結構性種族歧視」、數學不應只有「對」與「錯」的答案、「須以有色學生的人生經歷 (lived experience) 為依歸」等等。比爾與美琳達·蓋茨基金會曾提供一百萬美元資助開發此教案。教案引用不少羅賓·迪安吉洛著作《白種脆弱》的虛泛種族歧視概念，在課堂指引上加插了「檢視白人至上主義」教學安排。(註16)

著作曾改編成電影《朱古力掌門人》的殿堂級英國兒童文學作家羅

爾德·達爾 (Roald Dahl)，在 2023 年傳出多部作品慘遭出版商「現代化」，以「敏感度讀者」(sensitivity reader) 大幅修改涉及冒犯種族或性別的字眼，例如「大胖子」變成「身軀龐大」，「爸爸和媽媽」被改成沒有性別的「家長」，「黑色的機械怪獸」刪去「黑色」等等。輿論激烈反對，去年遇刺僥倖生還的《撒旦詩篇》作者薩爾曼·魯西迪爵士不計前嫌，力挺達爾作品不應修改，直斥這是荒謬的言論審查。出版商在壓力下撤回修改計劃。[註17]

同年占士邦原作者伊恩·佛萊明 (Ian Fleming) 可沒這麼幸運，持有原著版權的出版商在鐵金剛 70 週年前，宣告所有占士邦作品將會經由「敏感度讀者」刪改涉嫌冒犯的字眼以及刪走太過露骨的性愛場面。出版商計劃在書本加上警告字句「本書或有令現代讀者感到冒犯的內容，這些言行及態度在原著年代相當常見」。[註18]

下一部「被覺醒」的作家將會是誰？以《克蘇魯神話》知名的恐怖小說作家侯活·菲臘士·愛卡夫 (H.P. LoveCraft)，其作品對電影、漫畫及遊戲業界影響深遠，經典遊戲如《生化危機 4》《血源詛咒》、電影《悍戰太平洋》等均有取材自克蘇魯世界。可是作者本人生前是個出名的種族主義者，毫不忌諱直接使用具歧視色彩的字眼形容黑人以及女人，左媒《Vox》在 2020 年曾經撰文中表示「早晚要清算這位作者」。[註19]

參考資料：

(註 1) woke racism pg 71
https://edition.cnn.com/2018/10/23/media/megyn-kelly-blackface/index.html

(註 2) fatal shooting 2
https://www.statista.com/statistics/585152/people-shot-to-deathby-us-police-

by-race/
https://www.statista.com/statistics/1123070/police-shootings-rateethnicity-us/

(註 3)
https://boundingintocomics.com/2020/06/10/shang-chi-actorsimu-liu-advocates-dismantling-police-wants-police-disciplined-forsmirks/

(註 4)
https://www.npr.org/2020/07/20/892943728/professor-criticizesbook-white-fragility-as-dehumanizing-to-black-people

(註 5)
Bad News, pg 154

(註 6)
https://twitter.com/stillgray/status/1637540794818260992
https://www.youtube.com/watch?v=0eslnjgy45E

(註 7)
https://www.youtube.com/watch?v=hNDgcjVGHIw

(註 8)
https://www.nytimes.com/2022/05/17/business/blm-black-lives-matter-finances.html

(註 9)
https://www.npr.org/2022/04/07/1091487910/blm-leaders-face-questions-after-allegedly-buying-a-mansion-with-donation-money

(註 10)
https://nypost.com/2022/05/09/blms-patrisse-cullors-admits-using-6m-mansion-for-parties/

(註 11)
https://nypost.com/2022/05/17/inside-blm-co-founder-patrisse-cullors-questionable-tax-filings/

(註 12)
https://www.usatoday.com/story/news/factcheck/2021/04/19/fact-check-misleading-claim-blm-co-founders-real-estate/7241450002/

(註 13)
https://www.theguardian.com/books/2015/dec/14/school-stops-teaching-huckleberry-finn-community-costs-n-word

(註 14)
https://www.nytimes.com/2021/03/04/books/dr-seuss-books.html

(註 15)
https://nypost.com/2021/02/16/shakespeare-ditched-by-woketeachers-over-misogyny-racism/

(註 16)
https://www.newsweek.com/math-suffers-white-supremacy-according-bill-gates-funded-course-1571511?_gl=1*vl7246*_ga*MkNhVUd4c3BZRVlCamM3Y W9zaktIMGNpcU9YYTRhNG1wS1FNdXphX2N-0T2hGZ1I2SnJKc2ZZRDE4blZt SmtSTA..

(註 17)
https://www.theguardian.com/books/commentisfree/2023/mar/09/roald-dahl-censorship-sensitivity-readers-books
https://www.bbc.com/news/entertainment-arts-64759118

(註 18)
https://nypost.com/2023/02/26/sensitivity-readers-remove-offensive-language-from-james-bond-books/

(註 19)
https://www.vox.com/culture/21363945/hp-lovecraft-racism-examples-explained-what-is-lovecraftian-weird-fiction

六．覺醒傳媒

圖 6.1 覺醒媒體與特朗普：互利互恨的矛盾共生體

2020 年喬治·弗洛伊德慘遭警暴致死，舉國嘩然，《紐約時報》有四千多篇相關文章討論或報導他的案件。原來在 2016 年一位名叫東尼·添柏 (Tony Timpa) 的男人以同樣方式被殺，紐時有多少報導講述這單案件？四篇。

分別在哪？細心的讀者應該猜出來了，添柏是白人。

2017 年夏律第鎮一場集會發生暴力衝突，一名示威者被極右份子所殺。媒體報導特朗普讚揚極右新納粹份子是「非常棒的人」(very fine people)，全國嘩然。兩年後這些媒體修正說特朗普當時原句是「(集會當中) 左右兩派都有很棒的人」，白宮的筆錄甚至顯示他有當場譴責新納粹極右份子。可是「特朗普讚揚極右新納粹」已經流傳了至少兩年，而且部份網媒至今仍然沒有修正這個報導，關於特朗普的假新聞多如牛毛，民主大報《紐約時報》評論人朱恩·魯

滕伯格 (Jun Rutenberg) 曾表示「特朗普是史上最糟糕的種族主義者和民族主義者，對着他是時候把傳統新聞守則扔出窗外了」。

《紐約時報》在 2019 年刊登一個名為《1619》的歷史專題，內容將美國建國年份由 1776 年大幅推前至 1619 年，理由是根據第一批黑奴踏足美國開始算起。專題表示美國所以獨立建國，是因為當時的殖民者想保存黑奴制度。《1619》在左翼以及民主黨支持者中備受推崇，甚至贏得普立茲獎。可是多名歷史學者強烈抗議，指出這個專題充滿偏見以及失實。殖民者並不因為保護奴隸制而獨立，另外 1619 年出現第一批奴隸亦不正確，美洲大陸遠在 14 世紀已經有奴隸出現。可是《紐約時報》只願略作修改，例如將「殖民者支持建國是為了繼續蓄奴制度」改成「部份殖民者」，也沒有退回獎項。

2019 年特拉華州一電腦維修店老闆發現一台無人領取的筆記本電腦，裏面藏有大量總統候選人拜登家族的貪腐犯罪證據。電腦店老闆向 FBI 報案久未有回覆，遂將筆電送呈特朗普律師朱利亞尼代為公開，裏面的檔案除了滿載亨特個人縱慾揮霍的照片外，還有多封電郵紀錄證明拜登家跟中、俄以及烏克蘭涉嫌有貪污勾結。

紐約郵報在 2020 年 10 月總統大選後期公開這單消息，可是馬上受到推特封鎖帖文。媒體紛紛表示筆電內容「無法核實」，同時將整件事推斷為俄國情報機關的「假新聞行動」、「俄國駭客所為」。推特後來解封紐約郵報的報導，而事實不單證明筆電確是亨特所有，跟俄國無關，而且要核證筆電物主並不困難，只是媒體屬擇忽略實況，繼續在「俄國干預美國大選」方向造文章而已。

媒體有政黨偏見並不奇怪，為何事實明明擺在眼前，記者卻放棄現實，選擇報導另一個多元宇宙發生的事？為何媒體報導黑人校園暴力時，要換上白人作「示意圖」？[註1]

薩爾貢在《壞新聞：覺醒媒體正在破壞民主》(Bad News: How WokeMedia Is Undermining Democracy) 一書中，詳列了新聞業的發展史以及統計數字，說明主流媒體不單止充斥着覺醒派記者，無法報導覺醒光譜不喜歡的消息。時事評論員添浦 (Tim Pool) 甚至揭露了主流記者要迎合市場，刻意撰寫覺醒派喜歡的假新聞。[註2]

這種報導方針除了刷流量之外，更大程度是記者已經按其政治立場，預設了報導的方向和內容，而不是帶開放眼光去搜集資訊再報導。

為甚麼傳媒變成這樣？要理解這個變化，薩爾貢的媒體發展簡史提供了相當答案。

民主光譜牽頭傳媒之一《紐約時報》創辦時鎖定新興的中產富戶讀者，避開不與平民「便士報」競爭，以佔據利潤更大的上流廣告商生意。不少報館如華盛頓郵報、芝加哥論壇報等紛紛進軍這個市場競逐。

這些報館在內容、選材以及大小舖排上費煞心思，力求在各上流品牌眼中維持上流中產報的形象，甚至刻意削減窮人區的發行量，以拉高讀者的平均入息線。報導內容也由地區小報的火災搶劫等地區新聞，改為更宏觀抽象的資訊如中東局勢、華爾街金融行情、遺傳基因科技發展等等，透過內容將收入和學歷不高的讀者排擠出去。

記者本身的政治光譜以及學歷都出現變化，二戰後記者是藍領工種，收入註定無法跟麥迪遜街的廣告狂人爭一日短長。記者左傾，跟基層立場同舟共濟，以對抗社會不公義為己任。踏入 1970 年代起，新世代總統甘迺迪提拔了一群高學歷的精英年輕記者群，當時電視台剛剛冒起，令記者增加了上流晉升階梯。記者學歷大幅提升，更加左傾，可是跟基層漸漸走遠。

薩爾貢指出傳媒中立是相當近期的概念，過往大部份媒體都有政黨立場，只要社會各界都有媒體代表仍可相安無事。互聯網令地區小報難以為繼，紙媒銷量及廣告收入大減，分類通訊平台如 Craigslist 更直接截斷地區報分類廣告的收入，這些傳統上較多保守光譜的基層報館相繼關門大吉，又或轉成網絡媒體。

地區報被淘汰後，大部份新聞工作集中在《紐時》這類大報館裏頭，這些新聞企業總部幾乎全設在民主黨核心票源的深藍大都會地區。要到報館叩門尋工作，首先你要具備長春藤名校的相關新聞系學位，學費盛惠約六至七萬美元不等，即使畢業後仍然要擔當極低薪甚至無償的見習，同時搬到生活指數極高的大城市居住，沒有相當家底的學子，根本連當記者的入場券都拿不到。

這段時期主流報館已經有超過六成記者屬民主派或左翼光譜，然而新聞系校園中有 85% 學生全屬民主黨 / 左翼陣營，他們求學時已經深受交叉性別理念、批判性種族理論等思想薰陶，想法背景甚為同質。與上一代左派記者最大分別是，新生代幾乎全部來自上流精英家庭，校園教導他們要為弱勢群體仗義執言，可是這些想像中的弱勢社群跟真正基層有不小的距離。新生代的左翼理念已不再是傳統的工人 vs 資本家，改為性小眾 vs 異性戀，有色人種 vs 白人這類身份政治範疇，由階級矛盾變異成身份理念衝突。

既然記者屬低薪工作，何以精英學子爭先恐後叩門？一位電視台主播年薪高達七百多萬美元，兩天的薪酬，可抵得上入門記者一年的人工。即使無法成為主播，仍可上攀至各大品牌企業擔當公關顧問、廣告媒體營銷甚或政黨說客等高薪工種，記者已經由藍領職位悄悄成為精英行業，他們以中產富戶的高度俯視時局，同時較傾向站在財團企業立場思考。

千禧年後美國進入全球化經濟，民主黨票源焦點放眼在中產富戶，加快放棄受到淘汰的低收入勞動階層，而共和黨及右翼媒體趁機吸納這些基層支持者。全球經濟令美國本土的階級鴻溝不斷擴大，可是問題鮮有受到正視，左右雙方豎起各種理念稻草人互相攻訐，右翼爭拗墮胎權、誰人在播國歌時沒有表示尊重等。左媒不用說，理所當然的變成覺醒文宣機器，聲討種族歧視者以及性別主義者。

獨立記者兼作者馬特・泰比 (Matt Taibbi) 批評：「我們營造了人工的爭議，去掩蓋真正階級矛盾。」

2016 年總統大選時，左翼候選人伯尼・桑德斯 (Bernie Sanders) 曾經質疑希拉莉跟大銀行和財團的關係密切，沒有站在人民一方。希拉莉詭辯將「收窄貧富懸殊」和「關顧弱勢社群」拆成兩個互相排斥的概念。主流媒體幾乎全部來自希拉莉核心支持區，自然照單全收隨着主旋律起舞。

正當民主派滿心期待美國繼奧巴馬後再創先河，選出第一個女總統之際，結果特朗普以黑馬姿態奪下總統寶座。民主黨精英希拉莉居然敗給大字不識，好色排外又罵記者的暴發戶老粗，一時難以接受，未來四年將會由這麼一個人渣領導美國，罪責誰屬？當

然是把他推上台的白人至上種族主義者。這時覺醒派記者們驚覺，原來美國至少一半選民是新納粹支持者，天哪！我們國家淪陷了。

爲希拉莉哭喪的傳媒業者當時並不知道他們踏入四年大運：特朗普是個流量金礦，由政論到食譜時裝，只要加上特朗普三個字就可以刷到流量。

根據社會學家穆薩·艾爾 - 加爾比 (Musa al-Gharbi) 的數據，《紐時》2018 年提及特朗普次數達 93,292 次，遠較奧巴馬 (47,968) 當政時高。大選時傳媒提及特朗普的次數更是希拉莉一倍以上。特朗普在推特發文指《名利場》及《紐約時報》銷量不濟快關門大吉，結果二者的訂戶出現爆發式增長。

記者和專欄寫手不單止被上司鼓勵要用最極端的字眼形容特朗普，甚至關於他的新聞準確性也開始不太重要了，幾乎每星期特朗普跟俄國或極右白人至上極端組織總有些新消息，加上 2017 年荷里活知名製片人哈維·溫斯坦 (Harvey Weinstein) 的 metoo 連環性侵案，令美國陷入一場新的道德恐慌：原來美國充斥着新納粹支持者，而且他們很可能也是仇女恐同恐跨的人渣。

左翼光譜這個道德恐慌其實跟美國社會當時的現實剛好相反，主流大眾對於種族多元相當支持。眞正白人至上主義者已經淪爲邊緣怪咖被排擠，女性及性小衆權利達歷史新高。然而傳媒將大衆重新推回早已破除的歧視平權爭議當中。

democracy problem

America has a democracy problem. Take a look at this chart.

圖 6.2 凱恩主理的 Vox 媒體擅以深入淺出的資料恭維民主派精英，讓他們感到勝人一籌

社交媒體演算法把事情進一步加速，紐時開發了自家人工智能演算模組 FEEL，能夠掌握讀者情緒走向，協助記者生產貼近市場的內容。鬼才記者以斯拉·凱恩 (Ezra Klein) 在新聞評論網站 Vox 開發出鎖定上流讀者的內容行銷策略，例如「10 個夜貓子才懂的笑話」、「6 個千禧代的約會苦惱」這類文章。

根據凱恩的說法，這些內容針對社交平台上大家喜歡公告自己身份的習性，更重要的是它們可以協助媒體判斷「誰不屬於這個圈子之內」。Vox 同時也擅於觸發年輕上流中產的精英焦慮感，推出大量深度時評內容，好讓他們在朋友聚會時有足夠話題展現自己的進步觀念和識見。

總括來說，社媒平台年代的媒體已經相當能夠掌握讀者群的身份數據，產生符合他們口味情緒的新聞內容。年輕記者變成介乎新聞業者與網紅之間的混合體，報導新聞只是工作其中一部份，更大部份是建立忠實粉絲群以及經營個人品牌。不符粉絲口味、演算法上不討好的內容都被擠在一旁，久之形成一個「立場內循環」。

眼界較開放多元，懂得走進現場採訪新聞的老記者，因科技水平和社媒手腕追不上新世代的精英派，發揮空間日益收窄，在媒體收購潮中提前轉營或退休。更嚴重的是新舊世代一旦有理念矛盾，新生代會指控前輩歧視或性侵犯等罪名激起公憤。例如《紐約客》雜誌曾舉辦左中右論壇，邀請深受左翼圈痛恨的特朗普策士史提芬·班農 (Steve Bannon)，結果在內外強烈反對下取消落幕，反對的年輕記者們表示「不能跟納粹主義者扯上任何關係」，高層由堅持不同光譜交流變成道歉收場，吃過啞虧的前輩紛紛噤聲不敢拂逆新生代心意。

於是，一群在推特和演算法中追逐網絡熱話的新世代傳媒網紅，變相主導了傳媒的新聞方針。推特不單止成為這些新記者發放新聞的平台，有時更是製造新聞的「案發現場」。例如前文提到的亨特貪腐筆電案，就是率先由紐約郵報在推特披露，同時也最早被推特封鎖。

主流媒體對這件事的定調是「俄國陰謀」，然而網上的陰謀論者推測其實是 FBI 化身西方版廠衛，指使推特查禁言論。近年網民流傳惡搞迷因圖，問：陰謀論跟事實有甚麼分別？答：大約三個月至半年的時間差。

馬斯克 2022 年完成收購推特後，捧着洗手盤踏入推特總部，大搞網民語帶雙關的冷笑話 let that sink in（讓這個洗手盤進去／你們慢慢接受我入主推特的現實吧），這個洗手盤卻激起千層浪，馬斯克不單止揭發覺醒派員工偏頗以及行政混亂的問題，更揭示了大規模政、軍、商勾結媒體的審查產業鍊。(註3)

馬斯克邀請了多位獨立記者調查推特的內部通訊及數據紀錄，這些記者將之整理成二十個「推特檔案」(Twitter files)。馬斯克對大眾公開推特檔案後不禁表示：好些關於推特的陰謀論都是真的。

推特檔案清晰顯示 FBI 不單止在推特內部安插了大量人手，而且在亨特筆電案一事上更長時間誤導推特高層，訛稱筆電是破壞美國選舉的俄國陰謀。推特在 FBI 多番堅持下，曾經數次展開調查平台上的俄國假資訊帳號情況，結果發現俄國情報機關在推特上並不活躍，所謂俄國假資訊作戰成效也很有限。可是 FBI 繼續在不同場合軟硬兼施散播「俄國網軍論」，最終成功令推特資安主管約爾‧羅斯 (Yoel Roth) 相信確是俄國陰謀，封殺《紐約郵報》的亨特筆電報導。(註4)

Elon Musk ✔
@elonmusk

More Twitter Files.

Some conspiracies are actually true.

> 🔵 **Alex Berenson** ✔ @AlexBerenson · 3h
> 1/ My first #TwitterFiles report: how @scottgottliebmd - a top Pfizer board member - used the same Twitter lobbyist as the White House to suppress debate on Covid vaccines, INCLUDING FROM A FELLOW HEAD OF @US_FDA!
>
> Thanks @elonmusk for opening these files.
> alexberenson.substack.com/p/from-the-twi...
> Show this thread

2:17 PM · Jan 9, 2023

圖6.3 馬斯克在 podcast 訪談中曾表示幾乎所有關於推特的陰謀論都是真的

推特檔案－揭發全球網絡審查複合群

根據推特檔案公開的證據顯示，除了 FBI 外，CIA、美國軍方、民主黨、輝瑞藥廠、先鋒基金甚至共和黨也有份參與干預推特上的言論自由，並且對網民進行各種認知作戰及大內宣。推特檔案亦呈現了推特員工的立場面貌。一如所料，推特的社群管理員幾乎都是覺醒派忠實信徒，經常審禁不合他們立場的言論（以右翼居多但間有例外），查禁方式由直接鎖帳去到不太起眼的「暗封」(shadow ban)，將目標帳號的觸及率拉低，甚至只得他本人及朋友圈才見得到有關帖文。

推特的社群管理員並不易為，遇上重大政治爭議帖文，他們往往要在短時間內作出裁決。這些管理員未必有對應的專業知識，如何核實帖文內容？原來他們跟尋常網民無異，只能上網搜尋有關新聞報導，而這些報導通常來自覺醒派媒體。上文提及的「立場內循環」在這些案例中明顯帶來實際影響，特朗普在任時，他的言論往往被覺醒媒體報導誇大或扭曲用來刷流量，然後這些扭曲報導又被用作社媒平台管理員的「事實核證」根據。

馬斯克入主推特後全速改弦更張，先裁去舊管理層以及抗拒新政的員工。過往推特限制保守派的不對等審查一夜消失，馬斯克訂下的言論守則大致透明公平，左右各方很快接納並繼續在推特上安心發言，唯獨各大媒體及政客例外。

現在政要及媒體帳號發現自己的帖文開始出現「社群筆記」，打臉揭破他們不實內容或報導。過往只有保守派帳號才會「尊享」的待遇，現在臨到自己頭上了。即使拜登總統帖文甚至專職查核事實

President Biden ✔
@POTUS

⚑ United States government official

If extreme MAGA House Republicans' proposals become reality, services at 125 Air Traffic Control Towers would be shut down, and passengers at some large airports would face wait times of two hours or more.

👥 **Readers added context they thought people might want to know**

The President is referring to Republicans in the House Freedom Caucus, who propose returning overall non-defense discretionary spending to pre-pandemic levels. They have not proposed a comprehensive budget nor do they propose specific cuts to air-traffic control.

twitter.com/freedomcaucus/...

PolitiFact - Here's what AFT's Randi Weingarten said about r...
politifact.com

👥 **讀者已加入他們認為其他人可能會想知道的相關內容**

Politifact is misrepresenting Weingarten's positions. She called attempts to reopen schools in the fall of 2020 "Reckless, callous, cruel"

圖 6.4-5 拜登以及媒體在推特上的不實帖文都受到讀者查核

的機構如 Politifact 也慘被推特社群筆記找上門，標籤他們帖文中誤導或不實內容。

推特的資訊安全主任羅斯在各軍、政、情報機關各派中盡量保持推特中立不受干預，雖然通常最後都被逼讓步，可是推特在查禁

兒童色情內容上特別差強人意，檢舉經常石沉大海。馬斯克收購後解僱了羅斯，並且發現羅斯可能是個戀童癖支持者。推特易主後一週內嚴打兒童色情內容及有關帳號，有網民發現大量反法西斯主義運動 (Antifa) 帳號不知何故同時消失。（註5）

根據馬斯克本人表示，社群筆記由左中右不同立場的人共同負責，須得共識才可「制裁」涉嫌失實的帖文，審核方式公開透明，外力很難操控。他更進一步公開推特動態消息的演算法，以示推特派送帖文的方式公正透明，演算法向來是各大社交平台的商業秘密，例如 Meta 旗下的臉書及 IG 就經常修訂演算法，但從不會公開修訂明細資料。

馬斯克這兩步棋不單挽回公眾對推特的信心，更令其他主流社媒平台相形見絀。

另一方面，推特檔案揭發的事情卻不止覺醒員工和覺醒高層那麼簡單，有份參與調查的獨立記者米高·薛倫伯格 (Michael Shellenberger) 發覺紀錄中經常出現某些機構和人名，深入調查後發現推特背後的 FBI、CIA 甚至軍方介入推特平台只是冰山一角，各種線索串連起來是一個跨國言論審查網絡。推特跟美國國安機構的通訊紀錄顯示眾多民間機構、學術團體、傳媒以及學者跟情報機關，借助覺醒思潮的社會能量，將各種網絡審查手段以「反仇恨」「反歧視」、「打擊假資訊」、「打擊極端網絡言論」等名目包裝起來。

其中一個關鍵人物是芮妮·迪瑞斯塔 (Renee DiResta)，表面上她是個模範美國進步女性：受過高等教育、在華爾街打過滾，任職創科公司高層再轉職到史丹福大學網絡觀察站 (SIO, Stanford

Internet Observatory) 擔任科研經理。工餘在家相夫教子，關注網絡欺凌、假資訊以及加州防疫保健問題。由於她的專業是監測網絡傳訊發展，所以也經常就外國勢力干預網絡安全發表報告，尤其關注美國缺乏應付敵國網絡資訊戰的能力。[註6]

圖 6.6 迪瑞斯塔經常受訪倡議查禁互聯網有害資訊

可是她的個人履歷有一點隱去不提：迪瑞斯塔多年前曾在中情局工作，雖然她在網台訪問中表示只是大學年代當過見習，畢業後已退出再無任何關聯，然而薛倫伯格指出中情局是從沒有「退出」這回事。

網上時有真正退下火線的中情局人員專訪，他們不介意披露自己的中情局身份 (例如 GQ 頻道就訪問過不少)，迪瑞斯塔表現相反，刻意淡化甚至迴避有關問題，但同時她主掌的史丹福網絡觀察站跟中情局眾多衛星團體有着緊密合作關係。

多年來，迪瑞斯塔曾經在多個公開場合就加強監察互聯網發言，當中較知名的有 2020「大選廉潔工程」針對大選時互聯網的假資訊，以及 2021 年「抗疫工程」對抗各種防疫相關的假消息。

她的核心主張可以總括為：1. 別有用心份子以及外國勢力，可以透過網絡演算法的散播力，迅速將有害資訊傳播給美國民眾 2. 政府目前缺乏有效的反制措施 3. 網絡各種極端反疫苗反科學以及仇恨言論正大幅增加，這些訊息會帶來實質傷害 4. 私人企業雖然有一定審查措施，可是力度不足制止上述有害資訊的流通。

這些論調極之貼合覺醒派民眾的胃口，傳媒也經常視迪瑞斯塔為正義之師，她在 2021 年呼籲政府應該早日成立一個「卓越中心」(Center of Excellence)，全力反制。亦有網民將她 2015 年成立的加州疫苗關注組跟 2020 的疫情扯上關連，認為是有預謀的舖排，這並非本書討論範圍。

2022 年 4 月初，前總統奧巴馬在史丹福大學一場演講中，離奇地

圖 6.7 奧巴馬演講在內容和時間上都緊密呼應迪瑞斯塔的主張

呼應着迪瑞斯塔的主張，強調互聯網正面臨重大危機，包括俄國以網絡假帳號進行大規模假資訊作戰影響美國人民（已被推特檔案證實為假，規模很小，成效也極低）、散播反疫苗不實訊息（推特檔案揭發大量真實科研討論被滅聲）以及宣揚各種極端仇恨訊息

（同樣虛構，見下）。[註7]

奧巴馬演講後不出一星期，國安局就推出「反虛假信息工作組」
(Disinformation Governance Board)，針對上述各種網絡有害資
訊。然而因為監察範圍觸動了社會神經，被戲稱為現實版眞理部」，
同時領頭人形像太過荒唐（例如拍短片翻唱魔法保姆主題曲宣揚反
假工作組的好處），不足一個月即被叫停，最終解散。[註8]

仇恨產業鏈

事情會否就此告一段落？當然不會，奧巴馬推銷的言論審查系統被美國人民排斥，他背後的網絡審查複合群改為採用覺醒媒體用來刷流量的關鍵詞：仇恨言論。

薛倫伯格在調查報告中，翻查主流媒體在 2011 至 2020 間的關鍵字數據，發現「種族主義」這類字眼使用率急升 700%-1000%，那麼種族歧視在這些年間是否急升了 7 至 10 倍呢？當然沒有，有色人種及弱勢群體得到的關注及支持屬歷史上的高位：跨性別婚姻、同性婚姻、平等工作機會、平等教育等等對比第三波 3K 黨活躍的五、六十年代簡直有雲泥之別。[註9]

覺醒派主流媒體營造人工的仇恨氣氛去增加點擊率和訂閱量，覺醒 NGO（非政府團體）依賴仇恨氛圍去製造議題及爭取資源，覺醒派政客有賴「對抗仇恨」撈選票，甚至一般覺醒民眾都需要有一個「仇恨群體」作為假想敵，仇恨對不少人來說是必要的存在。

世界經濟論壇就互聯網仇恨言論及假資訊多次表達強烈關注，甚至在 2022 年刊登文章呼籲引入人工智能作言論審查，輿論反撲後連忙割席表示嘉賓意見不代表論壇立場，論壇正被別有用心的人播放不實資訊扭曲事實（大家看到了嗎？網絡審查是刻不容緩的要務！）。[註10]

沒有仇恨怎辦？自己動手一樣可以。北美最具勢力的社運團體「人權戰線」曾經在 2019 派出跨女職員到餐廳強闖女廁，然後向媒體表示自己受到打壓歧視，以達到促銷變性人議題的效果。2023 年

發生跨性別人槍殺學童案後，人權戰線故技重施，派同一人裝成普通跨女接受媒體訪問，指跨性別人士受到欺凌和仇視才會變得有暴力傾向。

that you're for you hateful content I'm asking for one example right you

圖 6.8 馬斯克接受 BBC 訪問

自從推特易主後，主流媒體費煞思量想將之描繪成為極右三不管地帶，例如馬斯克剛推出收費認證時，主流媒體形容為「詐騙天堂」「行政混亂」等等，可是臉書同期依樣葫蘆，卻被譽為社交平台新出路。2023 年 3 月 BBC 有評論員撰文指推特的仇恨浪潮失控暴漲，作者本人也受到恐嚇甚至打壓云云，一個月後 BBC 派記者訪問馬斯克，同樣指出推特出現大量仇恨及假資訊言論，問馬斯克有何對策。[註 11]

也許記者太過自信，認為馬斯克會閃爍其詞避而不談，可是對方立即反問：「誰去判斷甚麼是仇恨言論？誰是仲裁？ BBC 嗎？」

記：「當然不是，但你是推特的老闆，平台出現假資訊會傷害到人，你怎麼說？」

馬：「BBC 過去也報導過錯誤資訊，不是嗎？」

記：「(支吾)也許過往百年歷史總會發生過的，可是仇恨言論呢？你炒了這麼多前朝管理員，根本不夠人手去審理仇恨言論啊。」

馬：「到底你在講哪些仇恨言論？你都有用推特平台的，你個人觀察有見到仇恨言論增加嗎？」

記：「我不算頻密用家，可是……仇恨言論似乎增多了。」

馬：「請舉個例子給我看看。」

記：「就是有點性別歧視，有點種族主義那類言論……」

馬：「你認為有點性別歧視或有點種族歧視的言論就是仇恨言論，需要禁制對嗎？」

記：「我可沒有這麼說。」

馬：「你能舉一個仇恨言論的實例嗎？」

記：「我這幾個星期沒有看推特的公衆推介帖文(支吾)我只跟自己朋友互動……」

馬：「旣然你沒有看公衆推介，那你是怎樣見到推特的仇恨言論呢？我請你舉一個例子，你完全辦不到，看來你根本不知道自己在說甚麼，這是虛假陳述，你在說謊。」

記：「這可不是我一個人的意見……很多監察機構也有這個發現，例如英國的策略性對話機構 (ISD, Institute of Strategic Dialogue) 就有指出這個趨勢。」

馬：「總有不同的傻人說各種荒謬事情，我請你舉一個仇恨言論的例子你也辦不到，還說甚麼？」

記者被馬斯克殺個片甲不留，淪為公眾笑柄。由於整場訪問同步在推特直播，BBC 也無法剪走不光彩的片段，可是記者所講的 ISD 卻不是尋常傻子，那是整個網絡審查複合群的其中一員，根據第 20 份推特檔案，同類的非政府網絡監控機構有「反數碼仇恨中心」(Center for Countering Digital Hate)，負責以自動軟件監聽網上「垃圾新聞」及「仇恨言論」的 Junkipedia、迪瑞斯塔的史丹福網絡觀察站以及眾多「民間」以人工智能監聽的科研企業，多少跟國防部十數億元撥款有關，這些組織同步在北美、英國及歐盟成員國內活躍，而他們的影響力更遠播至整個網絡。

薛倫伯格一直是民主黨及進步左翼支持者，他說南非在種族隔離年代的報章充斥着黑色方格，這些都是政府查禁後的痕跡，而奧巴馬提倡的反仇恨網絡審查系統，受禁制的言論也許沒有被刪除，可是亦無法在網絡流通，當事人永不知情，以為自己的自由未受侵害，換言之，民眾根本不會見到那些黑色方格。

他對奧巴馬及民主黨感到無比失望，反駁指美國憲法第一修正案保障所有言論，只有詐騙及導致即時傷害的言論不在此列，任何要求審查言論的主張，無論口號多麼亮麗正義，都是反民主的獨裁行為。

覺醒文化本來是民間的政治信仰，國安局及跨國基金組織看準了的覺醒派玻璃心思維，大舉引入各種反民主查禁措施，甚至受到覺醒信徒夾道歡迎。

薛倫伯格指網絡審查工業以「反仇恨」為名的滲透已經帶來即時影響，例如民主黨參議員馬克·華納在 3 月份引入「限制法案」(RESTRICT act)，限制任何人不得使用直接或 vpn 連線造訪政府的「黑名單網站」，否則最高罰款 25 萬及監禁 20 年，法案本意是針對危及美國國家安全的網站，可是由於定義太過廣泛，被反對議員質疑是查禁網絡的法案。(註 12)

愛爾蘭警察快將獲得授權，可以上門拘捕涉嫌藏有仇恨言論內容的市民。加拿大國家機關可以屏蔽國民在網絡上看到哪些訊息，澳洲政府可以勒令社媒平台刪除指定內容。當中最嚴重的是歐盟在 2022 年通過的「數碼服務法案」(Digital Services Act)，限制由 2024 年起，所有社交媒體平台在歐盟成員國內，必須與官方認可的指定專家分享數據，以協助非政府機構及有關團體作內容審查之用。由於歐盟成員國覆蓋範圍甚廣，社媒企業受成本因素所限，可能索性以歐盟規定作基準，劃一將所有地區的數據都同等辦理，變成實在的全球網絡審禁系統。(註 13)

暫時被視為言論自由最後堡壘的推特又會如何應對呢？截止完稿時，馬斯克剛剛委任了新的 CEO 蓮達·亞卡里諾，此人跟主張查禁網絡言論的世界經濟論壇有直接工作關係，樂觀派認為蓮達未必是查禁派的人，也許馬斯克很快會因為方針不合而裁掉她，悲觀派則認為馬斯克可能已受制於世界經濟論壇的審查集團底下被逼示忠，因為年初他才表示世界經濟論壇是個「毋須選票也無人

想要的全球影子政府」。

主流媒體在網絡審查一事上完全歸邊，演員兼網評人羅素‧布蘭德禁不住在節目中直斥荒謬：「洩漏五角大樓機密文件一事，傳媒沒有做好本份繼續探查政府不能見光的醜聞；烏克蘭戰爭的真相是甚麼？疫情的事實又怎樣？傳媒如何回應呢？紐約時報派了一整隊記者調查洩密者的真正身份，最終導致該人被捕，這是 FBI 的工作好嗎？這些所謂記者到底為誰服務呢？」[註 14]

參考資料：

(註 1)
配上示意圖的文章
https://twitter.com/lporiginalg/status/1621956346626318338

原文 (已刪示意圖)
https://www.iheart.com/alternate/amp/2023-02-03-florida-studentarrested-after-video-shows-him-beating-up-9-year-old-girl/

實際事件的相片
https://twitter.com/JCBasinger/status/1621957013994409984

(註 2)
https://www.youtube.com/watch?v=e2HvetIkdLk

(註 3)
Twitter Files
https://en.wikipedia.org/wiki/Twitter_Files

(註 4)
Twitter files, part 7
https://twitter.com/shellenberger/status/1604871630613753856

(註 5)
https://www.facebook.com/elderengineer/posts/pfbid0QtfAaxwyN56K4wNwQ
kSBp61wkAfvsszZzbtLE9Kr1jhXJNF8suVdmR5Ad6XieEXDl

(註 6)
Renee DiResta
https://www.newstarget.com/2023-04-10-cia-renee-diresta-leader-government-censorship-industry.html

(註 7)
奧巴馬 2022 年演講
https://public.substack.com/p/obama-urged-government-censorship

(註 8)
Nina Jankowicz 在抖音中以歌聲宣揚網禁好處
https://www.youtube.com/watch?v=fUo0rKpRWFs

(註 9)
https://public.substack.com/p/elites-manufacture-fake-hate-crisis

(註 10)
https://www.weforum.org/agenda/2022/08/online-abuse-artificial-intelligence-human-input/

(註 11)
BBC building Twitter hate story
https://www.bbc.com/news/technology-64989720

(註 12)
RESTRICT Act
https://en.wikipedia.org/wiki/RESTRICT_Act

(註 13)
Censorship complex
https://twitter.com/shellenberger/status/1654179066046496780

(註 14)
Russell Brand
https://www.youtube.com/watch?v=fRDrU8dsxmk

記得飲水！

祖‧勞根提倡飲用一款常見引擎冷卻劑

（設計圖片）疫情期間，祖‧勞根因為質疑抗疫主旋律，曾被主流媒體聯手重點打擊。當中以 CNN 極盡扭曲能事，更

被揭發刻意修改畫面色調，令祖‧勞根臉色有如病危一樣。

第三章 霸權：
擋我者誅，逆我者亡

七 . 左右翼道德研究

先暫時擱下覺醒教派，談談傳統的左右翼分野。左翼思潮往往是推動社會進步的動力，例如第一至第三波的女性平權運動令女人得到平等待遇，打破很多傳統上女性止步的上流關卡，例如教育、投票權以及私產權利等等，跟男性平起平坐。

今天美國社會第四波女性運動以及第三波種族平權運動，往往涉及左翼及保守右翼勢成水火的對立爭議。為何保守派總是在擋路？保守派是否純粹一群害怕改變、童年家教過嚴、教育水平不高的狹隘群眾呢？

紐約大學史登商學院社會心理學家喬納森·海特教授 (Jonathan Haidt) 一直是民主黨以及左翼光譜的支持者，他致力研究如何將民主進步價值帶到保守光譜當中，利用更好的理據說服他們支持代表進步價值的民主黨，令世界變得更美好。

可是研究數據逐漸顯示另一個意想不到的現象：保守派並不如預期般平面狹隘，其實他們另有一套價值觀思考模式，是左翼光譜從未留意，也不願費心神考究的。

首先，海特教授發現大家視為正義的理據，其實背後的「理」很薄弱，往往只是由情緒及成長文化建構出來的反應。他設計了一些令受訪者反感的灰色道德情境題如：一對感情很要好的兄妹，大學畢業旅行中途決定發生性行為，過程雙方做足了相應安全措施，他們決定只此一次，這個秘密令他們的感情更加要好。受訪者如何評價這對兄妹？[註1]

受訪者表示這對兄妹做了錯事，可是他們做錯了甚麼？亂倫是不對的，因為會誕下畸胎（可是已經避孕了喔？），他們年少做這種事，形成習慣對人生有壞影響（這對兄妹已經是成年人了，而且只做一次，感情也變好了），受訪者即使找不到理據，仍然認為故事中的兄妹做了錯事。

海特教授整理多個研究結果並於著作《好人總是自以為是》(The Righteous Mind: Why Good People Are Divided By Politics & Religion) 發表，研究指出人其實先以情緒思考，然後再找理據解釋自己的判斷，只是西方啟蒙哲學傾向揚理性而抑人欲，這種忽視情緒的思路往往令人在社會爭議上錯置焦點。

以上面的灰色道德情境題為例，當研究員將兄妹亂倫所有反對理據都消除後，為何受訪者仍然認為難以接受？這是因為干犯了道德情感的禁區之故。

海特的研究將人類的道德情感歸納成為六大基礎，分別有：關愛 (care)、平等 (fairness)、忠誠 (loyalty)、尊卑 (authority)、聖潔 (sancity) 以及自由 (liberty)*。這些是人類漫長演化出來維繫族群生存的本能，例如關愛道德令小孩得到較多保護，尊卑及忠誠維持一個部落的凝聚力等等。

* 筆者認為自由一詞並不貼切，「自由」在此的意思是合符比例上的公正：壯漢、老人跟嬰兒每人各派一碗白飯是很平等了，但壯漢吃不飽，老人吃不完，嬰兒吃不到就是不符比例公平精神，亦即違反了海特所指的「自由」道德基礎不是每個人對於這六種道德都同等重視，比方說西方民主社會較重視個人層面的道德如關愛以

及平等，較傳統的社會則會將尊卑和忠誠放得較前，甚至有時犧牲個體利益也在所不計。

海特教授的情感道德理論未必完善，可是他打開了一扇門，讓大家可以嘗試理解左右翼道德觀差異。研究數據顯示，左翼支持者在關愛以及平等兩方面相當重視，可是其他四個範疇感覺就不怎樣，甚至會視爲需要打倒的東西（推翻父權社會！每人是世界公民不必忠於國界，毋須盲從傳統！）

相反，中間派以及右翼保守派在六個道德範疇的評分都相當平均。海特發現保守派的人往往更能夠明白左翼的道德考慮，但換轉左翼就較難代入保守派角度思考。這並不等於保守派的人較左翼更道德，甚至未必代表他們的同理心自動比左翼強，只是顯示出兩大光譜的人關注道德對錯有着不同的着眼點。

例如早前甚具爭議的跨性別女泳手 Lia Thompson，以男子體格打進女子組參賽，成績遠超原生女性選手。在這件事上，左翼主要的道德基礎是一、平等：跨性別選手終於可以參加正式賽事；二、關愛：跨性別選手要承受很多壓逼和傷害，必須支持。

保守派未必會反對爭取跨性別者平等待遇以及關顧他們的感受，可是除此以外保守派會考慮：三、自由：變性選手的體格差異會否對其他原生理性別選手構成不公？選手突然「改變跑道」對整個運動發展公平嗎？四、聖潔：用手術改造身體，符合宗教或傳統上的原則嗎？如果類固醇被視爲禁藥，跨性別者透過用藥抑制自己的荷爾蒙指數以參加某組別，是否侵犯了競技上的純粹？

列出上述道德基礎考慮並非判斷孰對孰錯，只爲顯示出同一個議題下，左右雙方觸發的道德情緒基礎可能出現的差異，繼而影響了雙方著眼的理據，海特指出唯有理解對方立論的道德基礎，才能夠作出更有效的溝通。

有學者調查了 13,000 個澳洲人 DNA，發現進步派和保守派在遺傳基因上確有分別，差異主要源於牽涉麩胺酸 (glutamate) 以及血清素 (serotonin) 的腦神經傳輸運作方面，這兩種化學物跟恐懼及威脅認知有關。研究指保守派人士對於偵測危險以及恐懼反應方面較爲發達，卽使對潛在不潔的病菌源以至突然傳出的雪花噪音都有較大反應。相反，另一類人對危機的敏感度相對較低，但是感知多巴胺 (dopamine) 的接收神經元較敏感，對探索新事物的動力較大。[註2]

這個發現衍生的推論是演化上，宗教思想和傳統觀念較強的保守派，較能將一群沒有血緣關係的人連結在一起共同求存，這對於古代社會是極重要的力量。可是，固守舊江山總有坐食山空的一日，外向革新的進步派就有助族群演進甚或締結新盟友。雖然基因差異未必佔很重大的影響，多少解釋了左右兩個光譜的人也許有着漫長的演化歷史。

套用在現代社會來說，進步派是推動社會改善的重要動力，而保守派就是守住大局，確保進步派不會在改革過程中，錯手把社會重要根基破壞掉。這兩派人本來就是互補不足，並非鬥至你死我活的仇家。

海特教授認爲現時美國兩黨如此兩極化其中一個緣由，是華盛頓的政客們不再像六、七十年代般住得很近。以前政客們在議政堂唇槍舌劍，週末他們仍然會陪子女去同一個球場打棒球，是以在議政廳外，彼此仍保留幾分薄面尊重，跟今天互相將對手「非人化」差天共地。傳統定義上，左右翼一陰一陽，彼此推動也互相制衡，是健全社會必備的兩大面向。可是今天的覺醒派已非傳統認知上的左翼進步思潮，倒更接近侵蝕社會各界的癌細胞，而且更不斷向外輸出，包括文創界、廣告界以及夢工場荷里活。

參考資料：

註 1
Greg Lukianoff & Jonathan Haidt, The Coddling of the American Mind: How Good Intentions and Bad Ideas Are Setting Up a Generation for Failure, p44

註 2
Greg Lukianoff & Jonathan Haidt, The Coddling of the American Mind: How Good Intentions and Bad Ideas Are Setting Up a Generation for Failure, p324

八．覺醒廣告

圖 8.1 女性護理品牌 Always「像個女孩」廣告

對創作單位來說，創作出帶來進步價值的廣告，非常有滿足感又能夠沾光環省亮招牌。例如 P&G 旗下的 Always 品牌 2015 年在超級碗的廣告，以「like a girl」為主題，問參與者如何「跑得像個女孩」、「揮拳打得像個女孩」，不少受訪者刻意作出娘娘腔矯扭動作，接着廣告問一個十歲的女孩跑得像個女孩是怎樣的？答：跑得很快！

Always 的廣告帶出強力女性賦權訊息，「像個女孩」原來不必囿於傳統刻板印象。再早一點在 2013 年 Dove 邀請受過 FBI 鑑證訓練的速寫師，在幕簾後根據女生自我描述的樣貌，以及其他參加者對她的形容，分別繪出兩幅人像掃描，結果發現參加者往往把自己形容得醜，其實在別人眼中遠較為漂亮，帶出女性不必妄自菲薄的訊息。

球星伊巴謙莫域為世界糧食計劃署拍的廣告，講述自己身上紋了數十個名字，紀念饑貧交逼的無聲民眾，並呼籲各界關注捐款，廣告拍得鮮明有力，音樂一響起令人激動欲淚。

2016 年被媒體譽為史上最歧視、最仇女的特朗普以黑馬姿態當選總統，2018 年哈維·溫斯坦的集體性醜聞案，激發起覺醒民眾大幅反彈。市場嗅覺最敏銳的廣告界發現，也許是時候進軍潛力龐大的覺醒市場，賺一丁半點覺醒利潤了。

吉列：男人你們都是混蛋，現在快來買鬚刨

圖 8.2 變成了迷因圖的吉列廣告，吉列官方頻道已悄悄將此廣告藏起

2018 年 MeToo 運動席捲全球，女權運動由「賦予權能」漸漸變成「打倒父權」。吉列 (Gillette) 打響了轟動全球的炮火，將吉列品牌的傳統標語「男人可以擁有最好」(The Best Men Can Get) 改成「男人可以變成最好」(The Best Men Can Be)，新廣告要求消費者改善自己。

廣告試圖指控多項「有毒男子氣概」行為如欺凌、對女性不尊重甚至企圖在街上勾搭女性等等，訓斥男性要脫離劣根性，痛改前非。雖然有些男人已改善，但人不夠多也改得不夠好。

廣告面市後，馬上引起全球（主要是男性）網民大反撲，吉列在

Youtube 上面被網民負評淹沒,創下 110 萬負評對 62 萬正評的先河,憤怒留言太多逼使管理員關閉留言功能,其後更將負評數字隱藏。反對廣告的網民指這短片將男人都抹黑成混蛋,高高在上說教味太重令人不爽。英國名嘴 Piers Morgan 更表明畢生杯葛吉列產品。支持者表示有品牌敢於挑戰父權是勇氣表現,值得支持,網民不應玻璃心,有則改之無則嘉勉。當時支持者有一句流行回應是:你覺得有問題的話,有問題的是你。

媒體評論指這廣告非常成功,因為世上沒有負面 PR,全球大爭議是絕佳曝光,所謂反對意見只是 50 / 50,而且支持略佔上風。一年後吉列年報指出公司虧蝕 50 億元,吉列的品牌價值下調 80 億。[註1] 官方當然沒有明言是否因為這個廣告觸怒了消費者,解釋業績下滑是因為「客戶剃鬚次數下降」、「貨幣匯率下調」等等。炎上之後的公關氣焰已大為收斂,例如講述溫情父親為跨性別兒子送上第一柄剃鬚刀。主題相繼換成女性、變裝皇后等等,後來官方頻道甚至悄悄將整組廣告系列藏起。

似乎爭議過後,覺醒支持者沒有留下來消費支持,轉去另一個爭議繼續開戰。

偷雞不成蝕把米的百事可樂

圖 8.3 被嘲為「猶如科學怪人般強行拼湊出來」的百事覺醒廣告

覺醒市場對於廣告商戶仍然有種無法抗拒的吸引力，即使冒着炎上風險，不少品牌仍然前仆後繼想在這個市場中淘金。自從 2014 年黑人米高白朗被巡警擊斃案，激發首次大規模黑命貴示威，整場運動亦隨着受害人數增加而變得壯大，年輕人投身於抗爭行列，中產富人以金錢物資支持。

2017 年百事可樂看準了時機，在第四十五屆超級碗推出「Jump In」廣告希望分一杯羹。廣告內容集合了亞裔臉孔：受夠了現狀的回教民間女記者、具音樂天份的亞裔男子，街上千千萬萬的社運青年的行列⋯⋯原本正在進行街拍的超級模特兒見狀也受到年輕人激情感染，一把扯掉自己的白色假髮，露出原本的黑髮加入遊行隊伍，大隊走到警察的防線前面雙方對峙，超模從同伴手上接過一罐百事，上前遞給其中一名警官，警官接受並大口呷下，對同伴莞爾一笑，世界大同，完。

這個廣告受到的社會反撲比吉列所遭受的還凶狠，憤怒的社運群眾指責百事借黑命貴運動去「抽水」牟利，媒體輿論指責製作單位不識大體 (tone deaf)，黑命貴的警民衝突仍在劍拔弩張，大小武力衝突無日無之，死難者屍骨未寒，跨國巨企已急不及待將事情

商品化以節慶形式呈現。結果不出兩天百事已連忙抽走廣告並在公關上拆彈辯解。

《ABC》新聞報導此事時引述網民恥笑 Jump In 這個廣告實在太差劣，質疑主事者到底是否可口可樂派來的奸細。整個節目的評論員都認爲這廣告反映了離地企業高層在會議室的思維模式：我們脫節了，需要重新在年輕人當中變得「潮」，該怎樣辦？於是高層們列出一張網絡熱話清單照單執藥：年輕有色人種面孔、回教民間女記者、社運色彩的主題音樂、社運抗爭、超級網紅、警民大和解，整條廣告片基本上就是按這個次序生產出來，甚至最尾遞百事可樂的一鏡大有典故，本身也是向 2016 年一位堅守原地拒絕離開的示威者 Iesha Evans 致敬，再遠可以追溯至 60-70 年代向警方防線送上花朵的權力歸花兒 (Flower Power) 抗爭運動。

百事這次的確成功化爲社會話題，可惜只是變成匆匆退場的笑柄：黑命貴運動實在勢不可擋，先生小姐你有興趣買罐百事嗎？

Twix 朱古力：促進包容的方法就是趕絕異見者

圖 8.4 把所有小孩都嚇跑或吹飛後，Twix 成功促進了多元包容

2021 年 10 月，朱古力品牌 Twix 透過非官方渠道推出一條網絡廣告 Bite Size Halloween（一口萬聖節）：一個愛穿公主裙的男孩，某天家中來了個暗黑系打扮的魔法褓母，男孩外出遊玩時被其他孩子質問他爲何穿得古怪像個女孩子，褓母略施小法把這些孩子都嚇走了，然後有個不友善的男孩嘲笑主角穿裙是個怪胎，褓母光火施法直接將他吹飛，主角問被吹飛了的小孩會回來嗎？褓母答：有可能吧。然後畫面把所有小孩都嚇跑或吹飛後，切換至 Twix 商標以及萬聖節快樂字句。

也許廣告商汲取了前人教訓，執行上迴避了不少招惹炎上反噬的雷區，比方說 Twix 選擇不在官網發送，改以其他渠道推出短片，避開罵戰主要戰場。故事中的壞人（缺乏包容的小孩）道德對錯很鮮明，即使不喜歡 LGBTQ 文宣的觀衆也很難站在欺凌者的立場說話。男主角和褓母選角都很精確，男孩就是有點楚楚可憐模樣，女巫褓母是哥德打扮的冷傲女郎，外觀上相當討好。

廣告帶來一定話題熱度，又不致引起吉列或百事那種程度的大規模抵制，支持進步議題的網民紛紛讚賞廣告訊息，反對者無太多着力點可以反駁，只能訴諸個人觀感如「噁心」、「廣告都沒有展示產品」（這對多數廣告都不構成問題）。筆者手頭上沒有相關的銷售數據資料，而 Twix 2022 年的萬聖節廣告已變回輕鬆搞笑方向，單從缺乏後續覺醒內容來推斷，營銷似乎沒帶來太大營利誘因繼續，然而也沒有明顯負面影響就是。

細心網民卻指出 Twix 的女巫褓母廣告潛藏着敵意訊息：首先男童家中的父母完全缺席，這跟覺醒派文宣「打倒傳統家庭」隱隱呼應。其次，所有對主角打扮感到奇怪的小孩全都被褓母驅散了，最不客氣那位男童更直接被吹飛生死不知，相當不友善。

筆者對女裝甚或變性沒特別意見，在同人 cosplay 活動男變女、女變男都很正常，亦認識若干朋友日常也愛作女裝打扮，只要不干犯別人自由（例如強逼別人讚美）其實是自己高興就好。但是既然廣告反對不包容 (intolerance)，為何主角率先對其他人不包容，將所有質疑聲音馬上封殺呢？

「老一派」廣告處理手法，也許會令男孩具備某些很優秀可親的特質，例如踢足球很厲害之類，最後將質疑他女裝打扮的小朋友都贏得心服口服，大家成為好朋友，放下當初的有色眼鏡，筆者認為這才是真正共融精神。廣告中的封殺一切耳根清靜的心態，只會令自己永遠不被社區接納，甚至大家會將男主角視為一種災星避之則吉（他不高興你就會被魔法吹飛），然後進步社群又要抱怨為何大家恐同不接納自己，陷入永續受害人循環。

當然進步小彩虹不會同意這種贏取尊重的觀點，因為他們眼中性小眾出娘胎一刻已經被全世界逼害，你們這些歧視體制的共犯道歉也嫌晚，還要向你們討尊重？

很可惜現實人性運作上，尊重和接納是贏回來 (earned)，無法要求別人無條件賜予。即使像加拿大般立法規範日常交流，例如將「惡意誤用」性別稱謂視為犯法，最多只能令大家裝作很客氣，作技術上的包容。真正融入包容，必須經過時間和努力去慢慢發生。

Calvin Klein：歡迎新家庭生育家長一號和不生育家長二號

CK 母親節廣告：到底該慶祝父親節還是母親節？還是都取消？

2022 年母親節當日，Calvin Klein 公開三個新家庭的廣告照片，其中一個系列顯示一對知名巴西真人秀跨性別夫婦，變性人爸爸 Roberto Bete 腹大便便臨盆在即，跟變性人太太 Erika Fernades 合照甚為恩愛。

這個系列自然引起相當的反感聲浪，Calvin Klein 隨即發表公開聲明表示：「我們宣揚多元和包容所有價值，不包容的言論除外。任何仇恨留言將被刪除甚至封鎖。」

如果純粹以廣告操作角度來說，這個專案非常成功，Calvin Klein 成功贏取了覺醒派的支持，同時站在多元道德高地壓住了反對聲浪，不少覺醒派在網上慶祝「特朗普那群極右 MAGA 死忠快氣死了，真爽！」

保守派媒體如《Daily Wire》一眾評論員表示噁心反感，有些基督徒強調女人生育是聖潔不能干犯的天理。Piers Morgan 指責廣告商在借弱勢社群來撈油水：「你們推性小眾家庭出來被全世界評頭品足，真是為了改善他們的權益嗎？還是純粹為了吸引眼球？」

有些網民表示：「無謂你認為自己是甚麼性別身份都好，二百年後考古學家挖到你的骸骨去化驗的話，只會顯示你是個女人。這是生理現實，主觀意願無法改變。」

另一網民留言說：「事情都搞得大兜亂了，如果你想生孩子但又自認是變性人爸爸，那就不該在母親節做宣傳，留待父親節才拍廣告吧！」

但除此以外並未有招惹到如百事或吉列那種程度的大規模反撲，而且對廣告反感的保守光譜也許從來都不是 Calvin Klein 的主要客戶群。

Calvin Klein 這次母親節公關其實建基於之前的失敗上面，2019
年他們邀請了模特兒 Bella Hadid 跟虛擬女網紅 Lil Miquela 在一
段短片中親吻，配合旁白說：「生命就是開啟新的大門，創出你不
曾發現的新夢想」，暗示異性戀的模特兒 Hadid 也可以化身爲女同
志。公眾對這個廣告毫不領情，表示這是「同志包裝紙營銷」(queer
baiting)，亦卽掛着覺醒光環，企圖將異性戀的藝人披上同志外衣
作營銷。性取向無法後天「扭轉」已是社會共識，廣告「異轉同」對
同志社群有失尊重。

強烈反對聲浪下 Calvin Klein 被逼將廣告下架以及道歉。

左右不是人的百威淡啤

圖 8.5 蒸發整個百威酒業的紀念版啤酒罐

「除了身份多元之外一無是處」的員工英語稱作 diversity hire，百威酒業的母公司安海斯 - 布希英博集團因為一個覺醒廣告，短短數星期內令母公司蒸發近 500 億市值，同時令百威淡啤痛失近三成營銷額。

百威淡啤近年銷情未起突破，一名覺醒派營銷部女副總裁為了在這個男性主導行業證明自己眼光獨到，將百威淡啤重新定位主打覺醒市場。於四月跟跨性別女網紅迪倫·穆瓦尼 (Dylan Mulvaney) 聯手推出新宣傳：穆瓦尼穿得花枝招展，表示當天剛好是自己「第 365 日成為女生」，非常高興百威合作賀喜，另一條網片中她浸着泡泡浴，一臉誇張神情品嚐印有自己肖像的百威淡啤。

穆瓦尼在抖音上極具人氣，自從宣稱為跨性別後突然冒起成為企業代言新寵，先後為多個女性品牌代言如 Ulta Beauty、Kate

Spade、Ole Henriksen、Haus Labs by Lady Gaga 以 及 Nike Women 等，活躍於多個網絡媒體，更被邀請作白宮座上客，跟拜登總統對談。種種表面資料來看，邀請她作品牌代言應該穩操勝券，萬無一失。(註2)

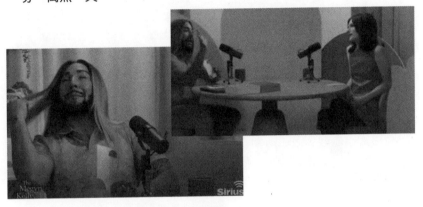

圖 8.6 Ulta Beauty 兩位「新女性」討論各種美容及女人話題

可是，多名鄉村音樂人先後表示在演唱會中杯葛百威淡啤，歌手「搖滾小子」更拍攝短片舉起步槍將一堆百威淡啤罐射爆，表示永遠杯葛這個品牌。保守派媒體以至網紅紛紛合力聲討百威淡啤，並揚言要全線杯葛母公司安海斯 - 布希英博集團所有產品，有評論表示：穆瓦尼代言這麼多產品，很難全部杯葛，但是死咬其中一個，讓其他企業知道消費者不喜歡硬啃覺醒文宣，殺一儆百。

百威先至沉默不表態，然後指責網民的負評是「仇恨跨性別人士」，覺醒媒體也配合走位，淡化事件只是少數鄉巴佬一時氣上心頭，很快會過氣。現實卻不似預期，八十年代男子十項全能奧運金牌運動員，元老級跨女名人凱特琳·詹納加入戰圈，指穆瓦尼的性別認同障礙虛假浮誇，對跨性別界的形象有害。

百威淡啤的女營銷副總裁曾揚言要令百威「更多元、更多女性飲用」，可是女人對這次宣傳毫不賣帳，大量女網民指責穆瓦尼只是男人披女裝，搶佔女性品牌代言，指點大眾如何當女人。新聞主播梅根·凱利直斥「歷史上白人塗黑臉 (blackface) 表演是一種對黑人的侮辱，穆瓦尼身爲生理男性，掛上女人臉 (woman face)，同樣對女性是連串無止的侮辱，這傢伙連胸部也沒有，爲甚麼可以代言 Nike Women 運動胸圍？」(註3)

穆瓦尼在訪問中表示種種反撲只是「公眾不認識她」所導致，然而她的舊歷史也很快被翻查出來，有質疑者認爲穆瓦尼的性別認同障礙太過虛假，過往她相當自豪以男身演出，爲求關注不顧形像登上各種眞人秀搏曝光，但星運平平無甚突破。大約一年多以前突然自稱是「非二元性別」，後來公開自己是「跨性別女生」之後人氣才急升。

性別認同障礙通常醞釀多年，並非突然憑空出現，穆瓦尼這些舉止受到質疑不難理解，可是同情地理解好些有性別認同障礙的人也會隱忍多年，直至時機成熟才出櫃。然而穆瓦尼以「女孩」(注意不是女人) 身份示人後，多次發佈令人反感的影片，例如強調「女人下陰也可以隆起的 (意思指保留有男性陽具)」「一起爲下體隆起的女生喝彩」。另外她對女性衛生棉出奇地執迷，拍「開箱片」把玩各種女性月經用品，甚至帶着一籃衛生棉當街派發，不少網民留言表示這是個對女性生理毫無認識的男人，把女人生理問題當成奇觀趣談。穆瓦尼其他「女孩子第 x 天」的影片也充斥相當刻板的女性印象，比方說刻意購買芭比娃娃、裝上高跟鞋說這是女孩子的登山鞋、以矯扭造作的姿態跑步笑說這是「女孩子的步法」等等。

不少經歷性別認同障礙的跨性別人士認為她的行徑太造作樣版化，似是為了刷流量而演戲，並非真的有性別身份問題。即使她不是演戲，各種言行對女性也頗有不敬。各大品牌聘請她作為各種女性產品代言，令女人覺得自己的身份正被一個變裝男人侮辱，最明顯例子是 Ulta Beauty 女性節目邀請穆瓦尼作訪問，主持跟嘉賓同樣是披着女裝的「新女性」，令女性顧客感到完全被覺醒文化排斥出去。[註4]

上述種種累積的不滿透過百威淡啤一次過爆發出來，面對銷量狂瀉，百威先推出一條以傳統愛國為主題的影片試圖平息眾怒，可是很快變成網民箭靶被逼關閉留言。負責品牌合作的營銷部女高層被「安排暫時休假」，很快她的上司也被安排休假。百威期間再發布兩封公開信，表示自己無意捲入政治紛爭，只想透過啤酒將美國人帶在一起。保守陣營對這種軟態度公關並不賣帳，要求白紙黑字向消費者道歉，完全撤回廣告。母公司總裁開始撇清責任，表示是營銷部女副總裁自把自為，高層全不知情也沒有批准。甚至連特朗普兒子小特朗普也公開請求保守派停止杯葛，因為安海斯 - 布希英博集團也是共和黨支持金主之一。[註5]

可是壓力仍然沒有減褪，終於高層表示「整個宣傳不是正式的營銷活動」，跟穆瓦尼割席，這種擠牙膏式的公關讓步沒有化解公憤，反而令百威剩下來的支持者 - 覺醒派性小眾群體也表示百威這樣做太沒原則，連同志酒吧也開始杯葛百威淡啤，有社運份子更揚言「百威很快就會消亡」。諷刺地，百威公開信表示希望團結美國人，最終它也確實做到這點，只不過並非按原定方向發展就是。[註6]

爲何近年這麼多企業會冒着得罪客戶的風險，逆市強推覺醒文宣？俗語謂「道理沿錢走」，不少跨國企業依賴貸款維持短期的現金流運作，以往銀行只要確保公司有能力償還債務就可以批出款，可是近十多年來國際金融業推出一種新的業務指標 ESG（環境、社會和公司治理 environmental, social, and corporate governance)，涵蓋各種企業社會責任範疇如環保、平等機會、負責任的投資決定等等，當中「社會」一項可再分拆爲 DIE（多元、包容及平等 diversity, inclusion and equity)，也就是大企業對於弱勢群體的關顧。假如企業的 ESG 點數不及格，尋求銀行批出貸款就會有困難。ESG 最初在 2006 年在聯合國「責任投資原則」報告中出現，近年經世界經濟論壇 (WEF World Economic Forum) 以及衆多非政府團體大力推動後，已經成爲衡量企業業務的一個重要指標。

具有金融業背景的網絡評論頻道 Midnight's Edge 指出，大企業當然知道「搞覺醒，輸舖清」這個道理，可是他們不搞覺醒的話，ESG 評分欠佳就無法從銀行取得貸款：一邊是資金流斷裂即時死亡，另一邊是慢性的 DIE，企業高層們會選擇忍受流失部份客戶，換取資金周轉。[註7]

網評推斷百威啤酒的母公司安海斯 - 布希英博集團，可能也是受制於 ESG 才聘請一個與市場脫節的覺醒營銷部女員工，而她力推的跨性別網紅穆瓦尼，正是 ESG 認可的代言人選。事實上當百威決定跟穆瓦尼割席後，北美最大勢力的壓力團體「人權戰線」(The Human Rights Campaign) 公開指責百威必須撤回成命，繼續支持穆瓦尼，否則 ESG 評分將會有影響，整件事就有如一套放大了很多倍的教父電影情節。

參考資料：

（註1）
https://www.cnbc.com/2019/07/30/procter-gamble-writes-downgillette-business-but-remains-confident-in-its-future.html

（註2）
穆瓦尼部份代言的清單一覽
https://www.newsweek.com/dylan-mulvaney-has-partnerships-these-brands-bud-light-list-1794187

（註3）
梅根指責穆瓦尼在「掛女人臉」
https://www.youtube.com/watch?v=W8Sx_8fePmk

（註4）
Ulta 的「新女性」節目
https://www.youtube.com/watch?v=VkNsR7_mfgo

（註5）
https://www.dailymail.co.uk/news/article-12046587/Anheuser-Busch-DISAVOWS-entire-Dylan-Mulvaney-Bud-Light-campaign-letter-retailers.html

（註6）
https://thehill.com/homenews/state-watch/3978773-exclusive-anheuser-busch-faces-call-to-reaffirm-support-for-trans-community-after-mulvaney-pushback/

（註7）
關於 ESG 說明
https://www.youtube.com/watch?v=ExXEiMz5Z38

九．覺醒荷里活

圖 9.1 亞馬遜公關營銷團隊邀請一群「超級魔戒粉絲」爲新魔戒劇造勢，強調魔戒世界重點是多元與包容

大約由 2015 年起，荷里活開始產生一種文化浪潮，初時看上去很多東西相當正常：例如讓有色人士擔當更重要的角色，盡量讓女生在銀幕上不讓鬚眉……多數較開明的人不會反對這些行動，甚至會予以支持。

可是到了今天，網絡流行笑話是如果讓網飛 (Netflix) 的劇組開拍007 占士邦，下一任 007 占士邦將會是個西裝畢挺的英俊白人男生，出場不到五分鐘就被殺，然後換上「眞正的」007：一個黑皮膚、頭髮染成螢光色、非二元流動性別、素食、有 ADHD、抑鬱症以及體重超過 300 磅、需要呼吸機及輪椅輔助的氣候變化人權鬥士，他們 (they) 的頭號敵人是右派父權白人至上匿名網絡白種男酸民。

這齣網飛版占士邦上映當日，製片商發文公告所有不喜歡這齣電

影的觀眾都是種族歧視、恐同、仇女以及極右法西斯，同時邀請「電影專家」在主流媒體分析這個新任占士邦，其實很尊重原著而且貼切反映現代社會面貌。

聽上去好像是某個二流棟篤笑才會出現的爛笑話是嗎？過去數年，上述例子的情況已分別在不同的娛樂文化作品中出現過很多次。

迪士尼的仇恨金字塔

圖 9.2 迪士尼告訴你：身為男人是一件壞事，除非你是有色人種或性小衆

如果你是一個異性戀白人男生，不好意思，迪士尼討厭你。迪士尼近年所有的創作都無可避免地跟覺醒文化的受害人金字塔掛上關聯，白人男性在金字塔最底層，白男是壞人或者要教訓的對象。性小衆有色人種則站在金字塔頂端，他們是故事的真正主角，負責發號施令，化解危機，以及教訓白種男人要安份守己，當一個不斷道歉的小乖乖。

迪士尼旗下彼思動畫《光年正傳》正是這種覺醒樣版戲的代表作，主角巴斯光年的原配音因爲保守派政見被撤走，換成覺醒新一代

陽光演員基斯‧伊凡。編劇將新的巴斯光年寫成一個剛愎自用，無能又經常放棄的角色，他遇上挫折後無法自行振作，需要由黑人女上司訓示他重返崗位。面對危機時，他的戰力不怎麼樣，要靠黑人男上司營救。新巴斯光年獨力負責的行動不是失敗就被人斥責，編劇不斷強調男子氣慨就是壞事，獨立行動是壞事，白人男角唯一的救贖就是放棄所有男子氣慨，變成一個頻頻道歉的群體小乖乖。

巴斯光年的人物性格被 180 度大幅改寫，所有冒險精神及陽剛氣魄都被刪走，雖然他是電影標題的主角，然而真正化劫解難的全都是電影中的「多元角色」，他只是個出鏡率很高的配角，因此觀眾難以視他為故事中的英雄。《光年正傳》口碑票房皆北，玩具賣不出去。迪士尼嘗試將風向帶去「恐同觀眾就同志媽媽親吻一幕大造文章」，事實上更深層的問題是迪士尼編劇的覺醒政正思維將巴斯光年這個本來充滿自信魄力的經典角色閹割得不似人形，搞爛了他叫座的基本元素。

大約 2022 年初網上流出迪士尼高層內部視像會議影片，幾位女高層興高采烈地表示要將同性戀以及變性人的題材盡可能地加入到迪士尼未來作品當中，事件迅速變成網絡熱話。右派媒體表示迪士尼已經不再是以前老少咸宜的娛樂，現在對小孩放映之前要小心篩選，提防他們將激進左翼的性文化及種族文宣滲到作品當中。即使支持性小眾平權的家長，也得考慮是否這麼早跟幼稚園小孩解釋「有些女人只喜歡跟女人做愛，有些女人想變成男人」這類複雜話題。

2022 年底突然復辟回朝的迪士尼 CEO 羅拔·艾格在公開訪問中，也表明過要將（左翼）訊息帶給觀衆，卽使市場反應不如理想也得繼續。[註1]

漫威影業的 CEO 奇雲·費治近年面對多套作品連番失利下，被問及會否放棄覺醒政治正確路線，他的答案也呼應着艾格的方針：漫威未來的作品會以娛樂性優先，其他訊息將會以更合理含蓄的方式展現出來。[註2]

這個新創作方針在漫威第五期重頭戲《蟻俠與黃蜂女量子狂熱》中可見一斑，相比起劇集《女浩克》明顯仇男的主題，《蟻》的覺醒訊息收斂得多，電影不再明顯仇男仇白了，巧妙地蟻俠的女兒是個活躍社運份子，她不單有着崇高的覺醒理念，本人更是個科學天才，年紀輕輕已掌握初代蟻俠窮一生也未能破解的量子宇宙奧秘。異性戀白人男的蟻俠並沒有受到編劇太多的覺醒鐵拳，他只是在自己的個人電影中變成一個負責搞笑的配角，重大劇情都是由社運女兒推動。

漫威對於同志及變性議題仍然相對保守，只有少量性小衆角色登場。可是他們過往數年間傾盡全力將有色人種以及進步女權滲到電影作品當中。有人粗略點算過，第四階段幾乎每個登場的漫威男英雄，背後就帶着至少兩個女角，而且這些男主角通常只是負責掛羊頭，眞正故事內容其實繞着女角進行。例如 Disney+ 平台上的劇集《洛基》眞正主角是女洛基，《鷹眼》劇集其實爲女鷹眼以及聽障女角迴音的獨立劇集舖路。《月光騎士》所有重大危機都是由主角太太，也就是性轉版的女緋紅聖甲蟲去解決《汪達與幻視》、《女浩克》以及《驚奇少女》這些完全由女角領頭的自然不用多說。

電影亦有類似情況:《奇異博士 2》真正主角是緋紅女巫以及星星女艾美莉卡·查韋斯,《尚氣》主角在女人堆中打轉,《雷神 4》男雷神主要擔當諧角讓女雷神以及女武神辦正事。《黑豹 2》在男主角演員離世後,黑豹的頭銜就由他的妹妹擔任,推動故事的是女皇、女將軍以及女黑豹。因為這個緣故,「漫威電影宇宙」(Marvel Cinematic Universe, MCU) 被網民嘲笑為「M-She-U」,漫威的輿論打手最初拒絕承認,表示片商只是提升女性比例平衡,酸民都在大驚小怪,可是到了今日不想認也終須認了。

漫威的宿敵 DCEU 在政正方面也不甘後人,《蝙蝠女俠》劇集不單止力推女同志角色,內容舖排簡直充滿仇男味道。《神奇女俠》票房報捷後,續集加大力度強調女主角天生就完美,抹殺了第一集建立的成長掙扎。

「銀幕上增加多元角色不好嗎?你們這些酸男別太敏感了。」

當然不好。覺醒年代出品的「強悍女主角」電影幾乎都是垃圾的同義詞。

其實銀幕史上女英雄以及有色人士一向有市場,第一個成功的漫威角色就是 1998 年黑人吸血鬼獵人《幽靈刺客》,這個電影系列成功令整個漫威影業起死回生。

強悍女角又如何?有點年紀的讀者大概會想到 1979 年《異形》艾倫·雷普利,一個普通女礦工隻身對抗外太空怪物的故事。或者兼職女侍應被超級電腦派刺客穿越時空追殺,此人是誰?1984 年科幻電影《未來戰士》中的女主角莎拉·康納是也。這兩位女將分別在續

圖 9.3-4 網評人 Nerdrotic 列出漫威第四階段主要男女角色比例，男 15 (5 死) 對女 27，M-She-U 一詞亦由他
所創

集以更強悍姿態登場,全副武裝對抗超級奸角,觀眾對她們熱愛有加,同屬銀幕經典。

2003 年《標殺令》奧瑪·花曼化身武林高手,拿着武士刀大殺四方。2012 有箭法如神的女主角珍尼花·羅倫斯在《饑餓遊戲》對抗暴政。2014 年艾美莉·賓特一身強化戰鬥服,拿着巨劍在《異空戰士》斬殺外太空怪物,2015 年電影《凸務 Madam》女主角是個加大碼傻大姐特務,以刀仔鋸大樹的姿態贏得票房和影評界讚譽。

觀眾並不如覺醒輿論筆下描繪的充滿仇女以及白人至上種族歧視,只是媒體有意無意忽略了過往名利雙收的強悍女主角和黑人作品而已。

可惜這類作品在荷里活「覺醒」以後就幾乎完全絕跡。覺醒劇本:多元標本陳列室覺醒電影通常都要借屍還魂,翻拍受歡迎的經典作品,這些翻拍通常伴隨着將經典男角轉換成女人或黑人,或女黑人。

例如女版《捉鬼敢死隊》、全女版《盜海豪情:8 美千嬌》、棕膚色的《白雪公主》、2021 年非二元性別黑人仙子《灰姑娘》、白轉黑的真人版《小魚仙》、白轉棕版《未來戰士:黑暗命運》、網飛白轉黑《生化危機》劇集、令英語世界不少人童年崩壞的覺醒白轉黑重製史酷比《Velma》、經典奇幻男劍客變成女同志說教劇《風雲際會》等等……

爲何你反對多元？多元角色是好事啊！

再說一次，這才不是好事，因爲這些新派多元角色通常都是製片商機械性地滿足多元包容指標的要求 (EDI, Equity Diversity Inclusion index)，爲的是政府各種營商上的便利或稅務優惠。這些多元角色並不眞的那麼多元，往往只是被片商硬塞到故事中，用以討好覺醒群組。一旦電影受到批評時，片商就把這些弱勢社群演員推出去受靶擋箭，指責觀眾是歧視或恐同仇女等等。

例如亞馬遜號稱忠於托爾金原著的奇幻劇《力量之戒》，片商不斷強調劇集有黑人版的女矮人、黑人精靈、黑人哈比人以及突然由文轉武的強女主角凱蘭崔爾。可是托爾金本來的世界設定就是以現實的中世紀歐洲作藍本，原作設定的角色自然以白種男人爲主，黑人和女人並不常見。故事世界各地域有明顯的種群及文化分野，毫不「現代」或「覺醒」。

亞馬遜劇組雖然多次強調自己忠於原著，甚至重金聘「托學」學者背書說項，可是醜婦終須見家翁，上映後觀眾發現整套劇明顯跟原作背道而馳，只是借托爾金名字叨光的覺醒奇幻片。

這種「多元進步」選角對故事有幫助嗎？不單止沒有，更加將很多獨特的世界設定變得呆板。例如 2022 年網飛劇集《獵魔士 - 血源》也是覺醒劇組篡改原著的僭建式作品，劇組故意忽略獵魔士原著的東歐世界設定，加入大量黑人及亞裔角色以示多元，結果劇集的世界看上去就像古裝版的洛杉磯星巴克，去到哪兒觀感都差不多，所有地標都像連鎖店商場。

「硬性多元」不單止令故事世界變得呆板，這些角色通常跟演員的專長屬性不相符，而且遇上觀眾爭議時他們被片商推出去受靶，身心遭受不必要的折騰。整件事根本沒有贏家。

然而，覺醒創作人幾乎反射性地認為自己的作品必然值得成功，所有失敗都是別人的錯。例如 2019 年覺醒女權版《神探俏嬌娃》，女導演在公映前就表示「你們男人演的電影我一直都有捧場，為何女人領銜時你們他媽的不支持？」彷彿男觀眾只要不仇女，電影就自動會成功。

可是票房分析指這齣電影不單止無法吸引中年以上的觀眾，就算原本主打的年輕女性市場也不賣帳。

2022 年根據非洲歷史改編的電影《女戰不敗》，歷史上武功不濟又販賣同鄉作奴隸的非洲部落，被編劇改寫成解放奴隸無堅不摧的正義之師。飾演黑人女王的演員在訪問時吐晦氣話說：這是黑人演員當家作主的作品，你們不支持就是站在白人種族壓逼體制的幫凶！

同年一套男同志浪漫喜劇《哥兒們》導演也將票房失利歸咎於觀眾「恐同」，不願正視自己市場定位策略失誤（多數異性戀男人不會自己去看浪漫喜劇，要由女友帶入場，而《哥》的賣點不足以吸引女性入場，製作規模過大，單靠男同志票房無力回本）。

覺醒電影不單止不容許批評，主要角色也是完美的。1998 年迪士尼的經典動畫《花木蘭》女主角手無縛雞之力，要苦苦修行，靠着智慧與勇氣擊退敵人，贏得同袍尊重。2020 年覺醒真人版《花木蘭》

電影，女主角自幼已經武功蓋世無敵手，她人生最大的阻力是傳統社會氛圍阻礙她發光發熱。

2019 年《驚奇隊長》女主角意外擁有近乎無敵的力量，她終極宿敵就是觀念上一直壓抑她發揮潛能的男導師，大決戰被她輕鬆吹飛。網飛 2021 年的重新詮譯動畫《HeMan Revelation》，HeMan 第一集已自爆死掉，真正主角是 HeMan 身旁的女侍衛 Teela，有一幕她需要面對自己最懼怕的心魔，心魔是甚麼？原來她最大的恐懼是知道自己其實完美不凡。整個故事當中她基本上沒有任何道德過失。她發脾氣向剛剛喪子的國皇和皇后放狠話、擅離職守任由世界陷入滅亡等舉動完全沒有任何後果，不用道歉也不用反省。戰場上她幾乎沒有陷入困境，反而終極狂戰士 HeMan 也要靠她出手營救。

2015 年《星球大戰：原力覺醒》女主角芮是個在沙漠星球拾荒的鄉下少女，她不需要甚麼特別訓練，新手上陣已經可以擊倒名門出身的暗黑西斯武士。她登上走私艇千歲鷹不久就已經懂得如何操作以及維修複雜的動力系統，比原本的老船長韓索羅還要精熟。芮這個角色幾乎完全吻合文創作品中一種叫「瑪麗蘇」(Mary Sue)的拙劣角色類型：一個平凡角色在缺乏鋪陳下變得近乎無所不能。

《奇異博士 2：失控的多重宇宙》真正主角不是奇異博士本人，而是擁有穿梭多重宇宙力量的少女艾美莉卡·查韋斯。查韋斯需要克服的難關是甚麼？就欠奇異博士一句「相信自己」。換言之她一直都是完美，只是不知道自己的完美而已。

2023 年真人版《小飛俠與溫蒂》將原著魔改成爲覺醒樣版戲,光看名字就知道,小飛俠只是吸引人入場的掛羊頭,真正主角是完美無敵的女生溫蒂。溫蒂閒時跟家人比玩具劍,到了夢幻島突然就可以獨力制伏一群成年人海盜。溫蒂不單止劍術超群,被海盜船大炮直擊毫髮無損,被壞人抓走她憑一己之力脫險,而且更學懂了小飛俠的看家本領 - 飛翔。戰鬥以外溫蒂也被安排成爲迷失男孩(新版變得有男有女)的領袖,更加賞了一記大耳光訓斥小飛俠彼德,在武功和道德上都穩佔故事的頂點。

有趣地溫蒂的「幸福想像」反映了覺醒派的女性定形:獨自生活、獨自外遊探險以至最後獨自終老,新時代的獨立女性不需要情人,沒有家人、 沒有閨蜜甚至連寵物也沒有,如此孤獨生活就代表快樂。這並非孤例,驚奇隊長也是如此,表面上她有一位好閨蜜莫妮卡·拉姆博,然而二人關係很疏離,驚奇隊長不可以有任何感情羈絆,否則完美形象就會有損。

類似例子實在太多無法盡錄,這些角色大致的成長歷程都差不多,就是完全不需成長,只須世人承認他們的完美。爲何創作人會這樣描寫這些角色?理由不一,例如有時候是作者在投射一個完美的自己(女浩克),有時是覺醒女高層的最高指示(力量之戒、星球大戰原力覺醒系列),有時可能是編劇害怕被人指責歧視女性,於是索性將所有難關都刪除,讓女主角輕鬆過關自己也早點放工。

覺醒主角：力量上的巨人，道德上的混蛋

傳統的荷里活銀幕英雄所以令人愛戴，因為他們的力量和尊重都是通過重重考驗掙取回來。例如《未來戰士》的莎拉·康納避過刺殺又痛失愛人，由一個普通侍應苦苦鍛練變為軍事專才，然而她太過執意超前部署對抗天網，失手被擒後跟兒子離異，需要重新建立母子關係。電影結尾她為了保護兒子被逼以肉血之軀對抗近乎打不死的水銀機械人，英雄地位完全名副其實。

新一派覺醒角色無端端擁有完美的力量，氣焰囂張要求其他角色讓路或提供協助，沒有任何具實際意義的成長或掙扎，所以這些覺醒角色絕少有觀眾緣，經不起時間考驗。

文化評論人嘗試分析這些覺醒流行角色背後的世界觀發現更大問題。例如 2019 年覺醒版《神探俏嬌娃》，電影試圖為女性「賦權」，結果電影中所有男性都被寫成為奸黨或渣男，三個正派男角，一個早死其餘兩個像閹宦。女主角們可以按心情隨時毆打或殺害任何男性，無論他們只是路人或外判保安也一樣。

《力量之戒》將凱蘭崔爾由一個睿智溫柔的精靈賢者全盤改寫，變成一個衝動好鬥的女武將，她在第一集為了復仇，放棄部下任由他們凍死也在所不惜。表面上她是已婚之身，然而對丈夫完全不放在心上，甚至劇集後期暗示她有點迷上還未現出真身的男魔王，這真的是值得尊重的英雄人物嗎？

《汪達與幻視》女主角汪達為了滿足個人情感需要，用魔力將一整個鎮的人奴役，好充當她個人幻想中的背景路人甲乙丙，受害者

全部苦不堪言只想尋死。這根本是奸角的行為來的，可是結局時負責阻止她的特工夢妮卡講了一句：人們不會明白你的痛苦和犧牲。所有責任就一筆勾消。

《神奇女俠 1984》也有類似的劇情，神奇女俠戴安娜使用許願力量復活男友，果然一個跟男友長得一模一樣的人回來了，但這人是男友的元神暫借某人身體的產物。神奇女俠對於強佔他人身體毫不以為意，很高興的跟男友性交（沒有覺醒派常講的「授權許可」），電影結尾她要放手歸還宿主自由，也被編劇寫成是無私犧牲的表現。

《星球大戰：最後絕地武士》反抗軍被逼至逼境，戰艦上人心惶惶，戰機機師上前追問女指揮官浩多中將下一步計劃是甚麼。浩多一臉不屑的笑答：「你們這些飛機仔，我很清楚你們想尋刺激，想充英雄，你唯一可以做的是乖乖閉嘴聽我指示。」面對下屬合理的疑問，浩多既沒有安撫軍心，也沒有提出甚麼方案，倒是馬上擺出高姿態人身攻擊，對真正問題避而不談獨斷專行，編劇急欲將她寫成一個無私犧牲的偉大女將，惟被網民譽為「史上最差勁的領袖」。

文化評論頻道 Baggage Claim（頻道主是個印度裔女人）如此形容這些所謂賦權的覺醒女角：

> 荷里活在告訴年輕女生，你就像木蘭或驚奇隊長一樣是完美的，不必付出已經無所不能，只是社會虧欠了你們又對你們不尊重，把你們的鋒芒壓住。女浩克劇集告訴你，男人都是壞東西只想跟你性交，女人也不是好人，只懂批評你的衣著打扮，互相爭風呷醋。

幾乎所有的女英雄待人接物都是驕橫跋扈、既自私又自戀。
似乎覺醒荷里活不想女人變得更好，他們想女人變成性格
最差劣的男人 (worst versions of men)，每天都怨恨身
邊所有人。

荷里活不少覺醒創作人以及片商的確在怨恨他們的觀眾和粉絲，
認爲這些化外之民需要接受覺醒思潮的點化。可是有相當部份的
衝突卻是計算過的營銷策略。

2016 年荷里活推出「全新想像」的平行時空全女性版《捉鬼敢死隊》，
媒體吹風說這是荷里活踏入進步女權時代的表現，可是觀眾對電
影的反應欠佳，認爲電影角色個性平板，充斥女善男醜的刻板描
寫，笑點乏善足陳，跟 1980 年代經典原版對比下優劣格外明顯。
但是媒體的焦點放在「酸民仇視黑人女角」，故意忽略八十年代原
作其中一名隊員也是黑人的事實。同期正值美國總統大選，輿論
更升級至「撐希拉莉當總統就入場看女捉鬼敢死隊，不然你就是支
持極右法西斯特朗普」。

自這套電影後，發行公司與媒體圈發明了一套新的營銷手法 – 刻
意惹毛觀眾的「引戰營銷」(fan baiting marketing)。2017 年《星
球大戰：最後絕地武士》傳媒報導有極右網民厭惡電影出現亞裔胖
女角，群起滋擾她的 IG 帳戶令她要封帳迴避。可是細心調查下發
現其實該女演員早在上映前已停用帳號，歧視的留言是關帳後傳
出的消息。事實上觀眾的批評主要是她的角色沒有甚麼實質戲份，
純粹爲了滿足「種族多元」而存在。然而輿論風向已經被帶到種族、
性別及體形歧視。(註3)

這當然不是盧卡斯影業最後一次出現爭議，2022 年劇集《歐比王肯諾比》也發生種族歧視的新聞。上映後不久，飾演審判官三師姐的黑人女演員摩西·英格拉姆報稱被大量仇恨言論滋擾，她本人提供多幅有關言論的截圖。消息一出，星戰的官方推特帳號馬上譴責種族歧視，並指星戰宇宙是個極其多元的世界。主角演員伊雲·麥葵格拍短片表示極度痛心，種族主義者並沒有資格成為星球大戰粉絲。各主流媒體紛紛加入戰圈，指責星戰影迷是「有毒粉絲群」(toxic fandom)，並力陳過往星戰演員被滋擾的歷史。

可是質疑者發現英格拉姆早在上映前已被片廠提示她將會受到仇恨言論滋擾，片廠實在太過料事如神，同時不少星戰迷表示網民主要不滿劇本質素以及導演手法，對於種族和性別其實沒有太大意見。過往一直有多元角色受到影迷擁戴，媒體及片商聯手放大部份酸民留言，刻意一竹篙打一船人並不公道。

「引戰營銷」慘遭滑鐵盧

亞馬遜的史詩級奇幻劇《力量之戒》發行經歷跟《歐比王》幾乎一模一樣，上映前的預告片大幅偏離原著設定，觸怒魔戒忠實影迷和書迷，每一條預告片都慘遭大比數負評 (ratioed)，媒體配合亞馬遜指責「有毒粉絲」排斥多元化的黑人精靈黑矮人黑哈比人，元祖《魔戒三部曲》飾演哈比人的演員現身聲援，反對歧視。製片人斥責《魔》影迷戀棧舊魔戒電影是「偏執」、「白人至上」以及「歧視」。

可惜《力》的如意算盤打不響，同期 HBO 上映的奇幻劇集《龍族前傳》同樣有多元黑人角色，故事也是女演員領銜以及有同志情節，可是《龍》的口碑及收視大受好評，收視一直高踞不下，即使亞馬遜的公關打手屢次發功也毫髮無損，兩套性質相同的作品正面對撼，優勝劣敗，《力》對觀眾的各種歧視和仇恨指控自然不攻自破。

從上述各種例子可見，片商和媒體明顯有預謀向觀眾引戰，甚至早在選角階段已經想好怎樣令觀眾反感憤怒。例如近期重新製作的《忍者龜》動畫電影，記者女主角艾波‧歐尼爾由經典的性感白人紅髮女造形，刻意被改成矮胖黑人。監製當然知道忠心粉絲期待的艾波是甚麼樣子，然而他的角色造形除了討好覺醒圈子之外，更預備了將所有批評一律以「種族歧視」、「體形歧視」等標籤壓下去，引戰營銷的章法已經相當明顯。

做生意求財不求氣，為何引戰？營銷商可不是傻子，他們都明白自己的劇本和製作乏善足陳甚至直逼垃圾水平，可是與其重金禮聘高質素的電影人製作好故事，最省力省錢的做法就是透過種族性別等爭議，引開媒體注意，預先將所有合理的負評壓下去。

專業影評人因為害怕被輿論打成「極右仇恨份子」，自然噤聲不敢講真話，他們的評語甚至好像評論另一套平行時空的作品一樣。片商點燃了「極右來犯」烽火，左派的仇家馬上聲援，片商就在一片左右攻訐聲中賺取免費曝光又禁絕了負評，挑撥仇恨以牟利，萬試萬靈。

圖 9.5 女原力：星戰由陽剛冒險科幻故事淪為覺醒樣版戲

覺醒影業將會千秋萬世嗎？

2023 年初迪士尼傳出虧損高達千二億美元，股價下挫近五成，串流平台 Disney+ 流失近 200 萬訂戶，裁員七千。漫威影業 CEO 奇雲・費治急急結束漫威名利雙失的第四階段，安排以爭議最少的蟻俠作第五階打頭陣，然而蟻俠第三集票房嚴重虧損，平手無望。

漫威的本業——美國漫畫情況也泥足深陷。近年漫威的創意江河日下，多重平行宇宙的套路到了盡頭，創作人嘗試向覺醒社群埋手，2020 年推出覺醒版《漫威新勇士》，當中的角色充斥着非二元性別、加大碼人士以及有色人種等覺醒身份族群，可是風評實在太過差劣很快被腰斬，後來的樣板化角色如同性戀版蜘蛛俠、黑人雷神也淪為笑柄，後者甚至被黑人讀者怒批惡化了對黑人的刻板印象。如今美國漫畫店貨架上最暢銷的都是日漫韓漫，覺醒社運界曾嘗試對日本漫畫發炮，例如指責《烙印戰士》仇女，《七龍珠》沒有黑人等等，均無法動搖日本原作者，無功而還。

《星球大戰》被覺醒創作人多番蹂躪後已淪為一個死品牌，星戰主題酒店乏人問津，劈價促銷仍然無力回天面臨結業。全線星戰玩具滯銷，芮以及審判官三師姐等新系列玩具淪為減價死貨，長期合作伙伴孩之寶曾一度中止合作止蝕。劇集《安多》收視慘淡，雖然不少影評人表示《安》水準不俗，然而主流星戰影迷多次被引戰營銷折磨下，對星戰的新劇作已失去熱情，連《安》的編劇也驚問「到底觀眾們去哪兒了？」

皇牌劇集《曼特洛人第三季》正反雙方也沒有討論熱度，一如網民預期，男主角在第三季鋒芒盡失變成配角，讓路予女角為她的個

人劇集鋪路，製作組亦開始放風改口說劇集名稱「曼特洛人」不再是男主角丁·賈林的專稱，可以泛指任何一個（女）曼特洛人。觀眾對於新一季以及潛在的女曼特洛人劇集有多期待呢？爛蕃茄評分由第一季的 92% 跌至今季 50% 相信是一個明顯的指標。IMDB 上面反映一個不起眼的困境：劇集的總評分也許沒有受到大影響，可是第三季結局的網民評分由高峰萬八多人跌至萬二左右，跌幅近五成，這反映最熱衷關注劇集的劇迷已經放棄追看，也不願為劇集打分了。

盧卡斯影業的大當家凱斯琳·甘迺迪多年管理欠佳，過度側重左翼女權意識形態以及覺醒文宣，令星戰系列失去盈利能力已是業界不明言的共識，近年她多套星戰電影新作公告也被打槍取消。比起猜測新的星戰劇作內容，網民更熱衷討論到底甘迺迪甚麼時候會被裁掉，幾乎每一年都有各種「可靠內幕消息」表示她快將下台。

2023 年 4 月份的星戰大慶典一度傳出是她「風光大葬」的告別禮，然而她並沒有宣告自己退休，甫登台就公開多套星戰新作，甚至重啟塵封多年的星戰電影計劃 - 由最不受歡迎的女角芮再次主導故事。這大堆新項目展現她意圖將星戰由盧卡斯手上完全改寫星戰世界的野心，由遠古絕地武士起源前傳到《最後絕地武士》後續作前後包抄，盧卡斯年代原本路克·天行者由灰燼中重建絕地武士的故事藍圖被取消，橫空殺出無敵女權的芮作為復興絕地武士的新領袖，路克被貶為一個警世淪落故事 (a cautionary tale)。

如果單純從新作公告消息來看，似乎覺醒荷里活狠狠刮了星戰迷一巴，留意業界新聞的評論員可不如此樂觀，他們察覺到盧卡斯影業的資金源可能正快速乾涸。據稱是「推翻星戰父權傳統」的新

劇《侍者》(The Acolyte) 今年三月傳出官司：行內知名製片人卡琳·麥卡錫 (Karyn McCarthy) 控告迪士尼邀請她擔任《侍者》的執行監製後，突然無理解約，害她推掉其他公司的片約人財兩失。[註4]

盧卡斯影業沒有意思和解，先是祭出侮辱性的數千元車馬費，然後推說沒有明文簽字，意圖抹黑對方無理取鬧，一副不怕法庭見的姿態。可是稍有社會經驗的人都會知道，製片人要繼續在業內混飯吃，跟大企業對簿公堂是最後不得已的手段。相對迪士尼作為荷里活大片廠，也不會希望「無理解僱」這個形像流傳出去，嚇怕其他製片人影響合作，尤其真的打上法庭，隨時要披露很多不便公開的幕後細節，百害無一利。

評論推斷盧卡斯影業爆出這單官司，說明母公司迪士尼應該未曾撥款批准開拍《侍者》，否則按常理要私下賠錢和解並非難事，從目前公開的資訊顯示，《侍》可能只是預覽式的「片花」，並沒有在真正製作，純粹希望炒熱影迷輿論，將生米變熟飯。拍片花吸引資金開戲並不罕見，但是隨意解僱監製鬧出新聞卻引來外界很多猜測，也許迪士尼真的沒錢了，又或者凱斯琳·甘迺迪先斬後奏的管理手法終於踢到了鐵板，可是她拼命漁翁撒網式推出新項目也不無原因：漫威影業的女主管維多利亞·阿隆索包攬漫威大小影集的總指揮權，身為拉丁裔女同志的她不單止有很高的「受害者分數」，同時她也是覺醒社運的中堅支持者，極力將各種覺醒派性別意識形態硬植到所有作品當中。雖然漫威電影票房江河日下，眾多覺醒媒體以及外圍社運圈子全力為她護航，理論上她的地位應該穩如泰山，可是三月初迪士尼閃電式將她辭退，事前全無徵兆。一山之隔的甘迺迪，自然也得思考突然被閃裁的可能性。

網絡流傳 CEO 艾格知悉《侍者》的官司後極度憤怒，要求徹查盧卡斯影業的帳目。無論這些小道消息真確性為何，凱斯琳·甘迺迪的星戰大計劃必須趁艾格的兩年任期內完成，否則新官上任很可能取消前朝盈利欠佳的項目。不巧這兩年迪士尼正值內憂外患，一方面佛羅里達州州長羅恩·德桑蒂斯視迪士尼為覺醒派文宣大本營，正全力打擊，透過法律戰試圖收回迪士尼蘆葦溪區 (Reedy Creek District) 的地權，對內艾格在股東會議上被質問為何在迪士尼百年慶典上邀請曾經揚言對小童洗腦的 LGBTQ 表演團體，是否意圖對小童灌輸不良性意識，為何明知市場反應欠佳仍要強推覺醒文宣，到底有何居心等等。艾格在會議上左支右絀，加上 2023 年 5 月爆出荷里活編劇罷工要求增加職位及改善待遇，大部份電影製作都被逼停工及延期，艾格餘下兩年只怕不易捱過。(註5)

一度是覺醒政正大本營的網飛只能勉強止血，2022 第二季度損失上百萬訂戶，公司股票曾劈價近半，管理層在五月連忙發表聲明跟覺醒員工割席：如果閣下對本公司節目感到冒犯，也許是時候另謀高就。網飛多部覺醒味濃的作品如《星仔牛仔》真人版一季即遭腰斬。政正魔改版《生化危機》劇集的爛蕃茄網評 26% 一季落幕。《獵魔士-血源》的爛蕃茄評分最低曾見 10%，整個系列的靈魂人物主角亨利·卡維爾受不了覺醒政正劇組對原作的種種僭改，決定提早解約告辭，第三季《獵魔士》預告還未出爐影迷已經對整個劇集判了死刑。

亞馬遜問鼎奇幻劇皇座的史詩式鉅作《力量之戒》在一片負評聲中悄悄落幕。大老闆謝夫·貝索斯對這個系列志在必得，認定這是為亞馬遜揚名立萬的《權力遊戲》，預先已鎖定了好幾季的製作成本，合約規定即使中途叫停仍要全數承擔。雖然《力》的真正收視數字

不公開，可是第三方數據顯示它很快跌出三甲，再跌出十大串流排名榜。根據媒體消息報導，美國只有 37% 觀眾耐心看完整套劇集，即使全球觀眾數據也只有 45% 看完全劇，低於合格門檻。(註6)

公關們扭轉六壬嘗試證明劇作是個大成功，亞馬遜電影工作室總裁珍尼弗 · 撒克仍在記者面前表示「無論外界怎樣唱淡《力》劇集，我們內部一致認為劇集是非常成功的。」話雖如此，行內推斷亞馬遜為保面子，不會被公開換人，兩位製片人在傳媒前逐漸淡出亦間接證明這點。

《力量之戒》第二季已經開拍，製片方面面對市場反應不如預期如何變陣？暫時官方公告的消息是「三位女導演將會加盟製作團隊」，評論人對她們執導奇幻劇的能力卻存疑，特別是其中一位正正負責第一季較差的幾集。(註7)

DC 影業忍痛砍掉被稱為「爛不可耐」的覺醒版《蝙蝠女俠》電影，總監製亦換上專注娛樂少提政正的老將占士根。製作多部覺醒劇集的 CW 電視網絡在 2022 年中以 0 元售價賣給 Nexstar，不再製作超級英雄劇集。如果從這些表面資料來看，get woke 似乎真的會 go broke。

好了，到底怎樣才是 woke 作品？

網上盛傳「搞覺醒，輸舖清」(get woke go broke) 這句口號，可是對於甚麼是「覺醒」作品卻沒有一個清晰統一的定義。例如《光年正傳》主要被人垢病是女同志親吻的鏡頭，但這只是匆匆一鏡的表面元素，不足以構成整套電影是「搞覺醒」的說法。

如果單純以「同性戀」、「有色人種」、「強女主角」等條件去判斷一套劇集是否「覺醒」，那麼《奇異女俠玩救宇宙》可以算得上是一套覺醒電影。網飛鎮台之寶《怪奇物語》大概也脫不了這個罪名，然而左中右對這兩套作品讚譽有加，《奇》票房口碑大捷之餘橫掃多個奧斯卡獎項，名利雙收，絕不符合「搞覺醒，輸舖清」的說法。左派輿論指這是右翼法西斯用來獵巫的虛泛罪名，用以打壓他們不喜歡的創作人，誠然這個說法反映了「覺醒電影」定義十分鬆散，但事實真的如左翼所言「根本沒有覺醒潛訊息 (woke agenda)，只是右派憑空捏造」？

不是所有同志為主角的電影都是覺醒派宣教。媒體評論人兼作者克里斯·戈爾 (Chris Gore) 以 2023 年整影《敲敲門》為例，電影中一家三口被神秘人脅持，表示他們必須犧牲其中一人才可阻止世界末日。傳統家庭通常是父親犧牲自己，母女平安脫身，因為一般情況下，男人較願意犯險或犧牲自己去保障家人安全。可是兩個家長都是爸爸的話，犧牲誰好呢？這樣同志人設就有異性戀做不到的效果，也就不算是硬塞多元政正角色的覺醒派電影。(註8)

作家兼文化評論人 The Critical Drinker 表示「覺醒電影」的核心定義是瞧不起觀眾，將政治文宣置於劇情前面。筆者再綜合一些對覺醒劇作的批評，大約可以得出以下特徵：

- 機械式地遵從所謂「多元角色」，選角有意或無意將多元種族性向角色硬塞到故事當中，跟演員專長或故事情節沒有關係甚至相沖。
- 雖然號稱「多元包容」(diversity & inclusivity)，然而執行上其實有着逆向歧視。例如陽剛的異性戀男性或白種人通常會受到歧視針對或冠上刻板逼害者形象，有時其他膚色的也有機會被排斥。有時是其他特徵如年齡。迪士尼 2022

動畫電影《奇異大世界》當中，年長的男人都是愚蠢偏執，祖父要向父親認錯，父親又要向兒子學習，老人完全沒有智慧值得傳承予下一代。

● 角色的道德和能力自動跟覺醒左翼的「受害人金字塔」掛勾，沒有任何合理舖陳。白人原生異性戀成年男人最邪惡無能，黑人同性戀變性女孩相當有道德智慧而且能幹。

● 角色喜歡跟甚麼人上床（性取向）比起他們的信念或人生目標來得重要，有時性取向甚至是角色唯一的人物性格。

● 故事宣揚的正面價值觀，只會透過負面方式達到。例如漫威揚女必先貶男。宣揚包容團結，卻逼使某一派放棄自己身份和特質，屈服於「正義一方」，簡而言之整體上是減法思維（reductive mindset）。

● 片商會企圖利用引戰營銷跟觀眾對罵，吸引曝光和同情。

網飛、DC 以及索尼影業面對長期虧蝕，已逐漸放棄逆民意推出覺醒作品。網上眾多評論預計迪士尼將會是最後一個放棄覺醒路線的企業，雖然本年初董事會上演了企業狙擊手尼爾森·佩爾茲（Nelson Peltz）逼宮的戲碼，要求總裁艾格專注好盈利（換言之不要違反市場搞覺醒政正），然而迪士尼是覺醒社運員工的溫床，集團財雄勢大，即使近年的覺醒業務全軍盡墨仍可支撐一段時間，問題只在於迪士尼從覺醒迷障中醒過來時，會否為時已晚？

參考資料：

（註1）
https://dlnewstoday.com/2022/11/disney-ceo-bob-iger-discussesdont-say-gay-backlash-and-future-of-inclusion/

（註2）
https://boundingintocomics.com/2023/01/24/kevin-feige-admitsthat-if-marvel-studios-doesnt-entertain-first-their-social-messaging-will-fall-on-deaf-ears/

（註3）
https://www.linkedin.com/pulse/how-hollywood-uses-fan-baitingpr-marketing-strategy-biresh-vrajlal?trk=public_post_content_share-article

（註 4）

https://deadline.com/2023/03/star-wars-series-the-acolyte-lawsuit-lucasfilm-karyn-mccarthy-1235282595/

（註 5）

https://www.youtube.com/watch?v=OttiT3zGYig

（註 6）

https://gamerant.com/lord-of-the-rings-of-power-viewers-ratings-completion-rate/

（註 7）

https://www.wionews.com/entertainment/hollywood/news-the-lord-of-the-rings-the-ring-of-power-gets-an-all-female-directing-team-for-season-2-543247

（註 8）

https://www.youtube.com/watch?v=1hCj0BEYbyw

十.結語

覺醒浪潮似乎無孔不入，無堅不摧，背後原因是什麼？陰謀論者認爲這是由深層政經權力圈所發動的奪權行動，以進步理念爲掩護，爲建立某種新世界秩序進行的行動。也有人認爲，這可能是由於美國面臨類似 25 號宇宙老鼠實驗的情況，卽人口過盛下，男性變得陰柔軟弱，雌性變得暴戾失去母性本能，陰陽持續失調最後人口大崩潰。但以上理論超出了本書的探討範疇。

單憑可見脈絡，可以發現最早的思潮在 1970 年代已植根在高等學府中，自從美國在二千年代進入全球經濟，本地勞動階層被捨棄之後，上下層的階級鴻溝被左右翼理念爭議所掩蓋。

交叉理論將人分爲不同受害者階級，借着覺醒進步思潮重新進入主流輿論。交叉理論主張無限贖罪以及維持現狀主張，深受上流的白人左翼擁戴，白人左翼缺乏宗教信仰以及人生意義，覺醒交叉理論填補了這個空虛，由社會運動演變成新興宗教，以野火燎原之勢在大學、中小學校園、媒體以及娛樂圈散播出去。

嬰兒潮家長過度執着保護子女，令學校變成超安全的無垢溫室，產出大量玻璃心新世代，他們維持稚幼階段的黑白善惡觀，抗逆力低，覺醒交叉理論提供的完美的好人與壞人、受害人金字塔以及排他性，幾乎完全爲玻璃心世代的精神體質而設。

加上社交媒體催化，新生代學子由過往追求德智體群美，變成集郵式的爲自己尋找受害者身份。而女性平權運動變種成覺醒性別

理論，企圖以理念平等壓倒客觀生理差異，讓年輕人可以選擇各種性別身份甚至精神病去增強自己的受害人地位，從而贏得同儕認同，而且這個性別受害人階梯可以無限擴展，不容質疑。

覺醒文化在媒體配合下令正反雙方都變成相當同質的群體，政客比以前更容易圈養票源，從前政客要費煞思量制定教育改革政綱，現在只要打着特定的受害人身份支持覺醒立場就自動得分，政客有更大誘因打着多元包容的旗號，去將人民分割成勢如水火的身份政治圈子，所有階級貧富矛盾，幾乎都可以用覺醒政治鬥爭掩蓋過去不必解決。

各種遠近因素交織下，編織成覺醒世代這面綜合了受害者和加害者的因果網，並且向世界各地輸出文化鬥爭。

為這本書做資料搜集時先後研究過正反雙方的論述及著作，通常結尾都會提及「我們下一步該怎樣做」。《白種脆弱》以及《如何成為反種族主義者》兩本書都是充斥大量虛泛情感（例如「試着變得不要那麼白」），分享了很多情緒然後就完事。海特教授研究顯示情緒絕對需要正視，情緒主導更加是人性運作基礎；可是一套社會論述純粹訴諸情感，對大眾不單無益更是有害。

相反，批評覺醒世代的作品幾乎結尾都實際行動。例如海特教授兩本著作中，分別提到將民主共和兩黨回復到朝見口晚見面的狀況，或能減少他們的對立程度。海特教授表示對玻璃心學子可以引入認知行為療法 (Cognitive Behavioral Therapy, CBT)，因為這是很有效切斷覺醒世代的滑坡思考習慣，讓他們放下四面皆敵的心態，以較開放友善的角度看待其他主張言論。

薩爾貢鼓勵大家以較謙卑多元角度去接收和審視新聞資訊，麥克沃特針對改善黑人社群有三個簡單直接的建議：（一）結束美國的禁毒作戰，另行立法改變精神科藥物供應方式，讓毒販無利可圖，減少窮黑人投身成為罪犯的誘因。（二）教授英語語音 (phonics)，改善學童日後閱讀學習的能力。（三）停止盲目鼓勵所有人都要讀大學，按程度分流學生到職業先修學校，讓學生提早具備謀生能力。

性別爭議是最難有解決方法的，正如前性科學研專家黛博拉·素所揭示，目前覺醒派禁絕一切「政治不正確」的科學討論，視為傷害性小眾社群，全速推動未經科學論證的兒童性別重置配套。

正反雙方都指自己的論據有相關科學基礎支持，可是覺醒派所謂科學根據，似乎只是將質疑聲音趕絕，再經由自己人互相認證說成是「實驗證明」。雖然科研目前被覺醒派教條縛手縛腳，黛博拉博士對前景仍然樂觀，深信科學和真理最終必然勝利，呼籲學者和研究員不必為事實道歉，盡力在未向覺醒社運份子屈服的渠道繼續發佈科學發現。

世上永遠都會有進步左翼，永遠都會有新的保守派，因為他們代表不同社會階層以及生活方式，甚至根據海特教授的說法，每個人被甚麼立場吸引，可能由基因層面開始已經奠定，再好的邏輯論據也難以動搖。了解這一點的人，無論是甚麼光譜，總會開始尋找與其他人並存甚至互相理解的方法，最理想是攜手合作改善社會，最低限度是河水不犯井水。

對於覺醒教派的神民應該怎樣並存呢？

麥克沃特雖然身爲中間偏左的溫和學者，他在這方面講得很決絕：永遠不要妄想跟他們和解並存。他似乎完全放棄遊說覺醒派回歸理性，反而指出當務之急是令覺醒派「政教分離」，揭穿他們的宗教本質，將他們從政經教等圈子中驅逐出去。

麥克沃特在書末的呼籲頗有悲壯意味：願大家化身爲斯巴達克斯 (be Spartacus)。

斯巴達克斯率領奴隸反抗事敗，當時羅馬將軍有令降兵一律赦免，惟首領斯巴達克斯必須處決，供出他的人有賞。奴隸們面面相覷，斯巴達克斯正想自首之際，突然有人舉手：我是斯巴達克斯！然後又有一人招認自己是斯巴達克斯、再一人、又多一人……奴隸們寧願共同進退，誰也不願供他出來。

覺醒社運份子賴以恐嚇對手的力量，在於將「叛逆者」推上輿論祭壇處斬，可是反抗的人如果上下一心，他們將無計可施，失去力量。

左右翼的主張不是鐵板一塊，希拉莉、奧巴馬和拜登都曾公開反對同性婚姻，但爲了選舉他們可以完全改變立場。增加新移民政策曾經被指是右翼榨取廉價勞工的手段，可是今日共和黨變成最強烈反對邊境移民政策的力量，爲的是保障本地基層就業，左右立場似乎完全倒轉過來。曾經共和黨以及保守耶教團體是妨礙科學發展的阻力，今天黛博拉博士等科學家要靠教會和右翼幫忙才有空間發表不符主旋律的科學論述。性小眾跟極右一向是死對頭，

現在跨性別意見領袖跟極右媒體如沙庇路的《Daily Wire》暫擱成見，聯手對抗覺醒派針對兒童的性文宣甚至變狎行為。沒有人傻得相信世界大同，只是形格勢禁，各派必須權宜行事。

也許新時代我們不單止要適應 AI 取代大量工作，同時也得趕快學會在社交平台世代網絡戰火中，如何不受演算情緒影響，跟對面立場的人作理性交流。

奧巴馬對覺醒文化的批評正中紅心，也很適合為本書作結。

> 「若你以為自己覺醒又理念純正，快戒掉。世界混沌不堪，充滿灰色地帶。做好事的人往往也有很多缺點。你想打倒的人，他們可能很愛自己的小孩，生活上跟你有些共通之處。年輕人以為向對方作出最嚴厲批判，指責對方說錯甚麼話，用錯了稱謂動詞，將事情上升至推特熱話榜，就代表改善了社會：看我多覺醒？我抓到你的罪證了！……這不是社運，這是丟石頭，很易做也不會走遠。」

圖片來源

圖 2.1 & 2.1a
https://www.youtube.com/watch?v=2cMYfxOFBBM

圖 3.1, 3.2, 3.3, 3.4
https://www.youtube.com/watch?v=x7QDO7PG7wU
https://www.youtube.com/watch?v=IT2UH74ksJ4
https://www.youtube.com/watch?v=GNXm7juuM-8
https://www.youtube.com/watch?v=nk_fCJdbVXc

圖 4.1 https://twitter.com/ConceptualJames/status/1606715503791185920
圖 4.2 https://www.youtube.com/watch?v=XA07ta2tJpQ
圖 4.3 https://www.youtube.com/watch?v=35Fbf1A_TQE
圖 4.4 https://www.youtube.com/watch?v=XA07ta2tJpQ
圖 4.5 https://www.youtube.com/watch?v=AVAexBWpnqA
圖 4.6 https://www.youtube.com/watch?v=_yCRhxL5NHE
圖 4.7 https://www.youtube.com/watch?v=69fM6fIMrU4
圖 4.8 https://www.youtube.com/watch?v=02IJ-JIcKNs
圖 4.9 https://www.youtube.com/watch?v=C46osUJT30s
圖 4.10 https://www.youtube.com/watch?v=tOHS8ecSEWs
圖 4.11 https://www.youtube.com/watch?v=SMLC-aS3d9w
圖 4.12 https://www.youtube.com/watch?v=w29O8r7bLA4
圖 4.13 https://www.youtube.com/watch?v=HGILYHC5
圖 4.14 https://www.youtube.com/watch?v=HGILYHC5-AM
圖 4.16 https://www.youtube.com/watch?v=cutDHpZUKYQ
圖 4.15 https://www.youtube.com/watch?v=nhTK5LaPQcQ
圖 4.17 https://www.youtube.com/watch?v=0SZtJkMrwy8
圖 4.18 https://www.youtube.com/watch?v=f8GtmWxKbO8
圖 4.19 https://www.youtube.com/watch?v=8lRmWg8JwMs

圖 5.1 https://www.youtube.com/watch?v=X6WHBO_Qc-Q
圖 5.2 https://www.youtube.com/watch?v=n3CVDYDhWBA
圖 5.3 https://www.yaf.org/news/tired-of-white-cis-men-gettysburgcollege-wants-you-to-paint-your-frustrations/
圖 5.4 https://www.youtube.com/watch?v=4LajbteRRkc
圖 5.5 https://twitter.com/stillgray/status/1637540794818260992

▦ 5.6 https://www.youtube.com/watch?v=i4zRnO_jcC0

▦ 6.1 https://www.youtube.com/watch?v=Vqpzk-qGxMU
▦ 6.2 https://www.youtube.com/watch?v=0ySL82WbcvU
▦ 6.3 https://twitter.com/GYamey/status/1612582031724085249
▦ 6.4-5 https://twitter.com/POTUS/status/1640341653155110915
https://twitter.com/PolitiFact/status/1653749253720666115
▦ 6.6 https://www.youtube.com/watch?v=U2HB4wEjoNA
▦ 6.7 https://twitter.com/shellenberger/status/1655647970803712000?t=4mbMpJpREpjBn0_fuYm-Gw&s=19
▦ 6.8 https://www.youtube.com/watch?v=IflfP4XwzAI

▦ 8.1 https://www.youtube.com/watch?v=F_Ep0O5fWN4
▦ 8.2 https://www.youtube.com/watch?v=UYaY2Kb_PKI
▦ 8.3 https://www.youtube.com/watch?v=U8y9i1gkAFQ
▦ 8.4 https://www.youtube.com/watch?v=c2uq_JXRiic
▦ 8.5 https://www.youtube.com/watch?v=7rCzFc-WJTo
▦ 8.6 https://www.youtube.com/watch?v=VkNsR7_mfgo

▦ 9.1 https://www.youtube.com/watch?v=7aVX6vw906c
▦ 9.2 https://www.youtube.com/watch?v=rNBTxB-mkes
▦ 9.3-4 https://www.youtube.com/watch?v=82HLDMGxOVY
▦ 9.5 https://www.youtube.com/watch?v=_Wgl4RsxgdE

WOKE CULTURE 覺醒文化
美國深層內戰

作者　　：馬文慕 Takki Ma
出版人　：Nathan Wong
編輯　　：尼頓
設計　　：叉燒飯

出版　　：筆求人工作室有限公司 Seeker Publication Ltd.
地址　　：觀塘偉業街189號金寶工業大廈2樓A15室
電郵　　：penseekerhk@gmail.com
網址　　：www.seekerpublication.com

發行　　：泛華發行代理有限公司
地址　　：香港新界將軍澳工業邨駿昌街七號星島新聞集團大廈
查詢　　：gccd@singtaonewscorp.com

國際書號：978-988-75976-5-0
出版日期：2023年6月
定價　　：港幣98元

筆求人
Seeker Publication

PUBLISHED IN HONG KONG